EL PEQUEÑO LIBRO

DE LA

NUMEROLOGÍA

Amat Editorial, sello editorial especializado en la publicación de temas que ayudan a que tu vida sea cada día mejor. Con más de 400 títulos en catálogo, ofrece respuestas y soluciones en las temáticas:

- Educación y familia.
- Alimentación y nutrición.
- Salud y bienestar.
- Desarrollo y superación personal.
- Amor y pareja.
- Deporte, fitness y tiempo libre.
- Mente, cuerpo y espíritu.

E-books:
Todos los títulos disponibles en formato digital están en todas las plataformas del mundo de distribución de e-books.

Manténgase informado:
Únase al grupo de personas interesadas en recibir, de forma totalmente gratuita, información periódica, newsletters de nuestras publicaciones y novedades a través del QR:

Dónde seguirnos:

 | @amateditorial

   | Amat Editorial

Nuestro servicio de atención al cliente:
Teléfono: **+34 934 109 793**
E-mail: **info@profiteditorial.com**

EL PEQUEÑO LIBRO
DE LA
NUMEROLOGÍA

Elsie Wild

◣A Amat
editorial

La edición original de esta obra ha sido publicada en inglés por Summersdale, bajo el título *The little book of Numerology*, de Elsie Wild.

© Elsie Wild, 2024
© Profit Editorial I., S.L., 2024
  Amat Editorial es un sello de Profit Editorial I., S.L.
  Travessera de Gràcia, 18-20, 6º 2ª; Barcelona-08021

Diseño de cubierta: XicArt
Maquetación: Marc Ancochea

ISBN: 978-84-19870-25-4
Depósito legal: B 12944-2024
Primera edición: Setiembre de 2024

Impresión: Gráficas Rey
Impreso en España / *Printed in Spain*

MIXTO
Papel | Apoyando la
silvicultura responsable
FSC® C131084

Índice

Aviso legal

La autora y el editor no se hacen responsables del uso indebido o la interpretación errónea de la información aquí contenida, ni de las pérdidas, daños o perjuicios, ya sean en términos de salud, económicos o de otro tipo, sufridos por cualquier persona o grupo que actúe basándose en la información de este libro.

INTRODUCCIÓN

Los números nos afectan en todos los aspectos de la vida: a qué hora nos vamos a la cama, cuánto dinero tenemos, qué edad cumplimos. Pero ¿y si te dijera que los números tienen un propósito más grande y mágico? ¿Que el hecho de ver las 11.11 en el reloj nos dice algo más que la hora? ¿Que ver el número 33,33 en un recibo no es una coincidencia? ¿Que la fecha en la que naciste la eligió el universo e influye en tu destino?

Esta es la magia de la numerología. Puede mostrarte quién eres y quién puedes llegar a ser. También te transmite mensajes secretos del universo. Aunque este conocimiento puede ser intimidante, descifrarlo no es difícil. No hace falta ser matemático. Te basta con una calculadora, que es todo lo que necesitas para desentrañar los secretos de la numerología. Este libro te guiará a través de todas las áreas de esta práctica mística, desde las cartas hasta la adivinación, haciéndolo tan fácil como es contar hasta tres.

Así que empecemos.

1.
¿Qué es la numerología?

IX

La numerología estudia la conexión mágica entre los números y su influencia en el mundo. Se basa en la creencia de que los números de un solo dígito tienen una vibración especial y significados únicos que guían e influyen en nuestra vida. Tu fecha de nacimiento puede revelar información sobre tu personalidad y destino. Un número que se repite o una secuencia numérica pueden indicar un mensaje oculto del universo. Incluso las letras de los nombres tienen un valor numérico que podemos desvelar. Cuando comprendemos el lenguaje secreto de los números, podemos empezar a descifrar el código que hay en nuestro interior y en el mundo que nos rodea.

Vibraciones numéricas

Todos los números pueden reducirse a una sola cifra, del uno al nueve. En numerología, estas cifras únicas tienen significados simbólicos únicos llamados «vibraciones». Tanto si quieres encontrar el significado especial que hay detrás de tu fecha de nacimiento como elegir cuándo celebrar tu boda, puedes determinar las vibraciones de esa fecha convirtiéndola en un número de un solo dígito.

Aquí tienes un breve resumen de las vibraciones asociadas a cada número:

1 Liderazgo, independencia, singularidad, acción.

2 Colaboración, equilibrio, intuición, emociones.

3 Creatividad, optimismo, inspiración, comunicación.

4 Trabajo duro, organización, sentido práctico, servicio a los demás.

5 Libertad, curiosidad, experiencia, cambio.

6 Familia, responsabilidad, protección, cuidado.

7 Introspección, espiritualidad, soledad, estudio.

8 Éxito, autoridad, karma, poder.

9 Compasión, iluminación, generosidad, plenitud.

Ten en cuenta estos números y sus significados a medida que avanzas en la lectura de este libro... ¡y en la vida!

¿Y el cero?

Como habrás visto, no se ha mencionado el cero. El cero no tiene vibración propia. No aporta nada cuando se suma a otro número ni cuando se le resta. Simplemente refleja el otro número. Por ejemplo, 2 + 0 sigue siendo 2 y, por su parte, 3 – 0 sigue siendo 3. Al carecer de una vibración única, el cero no tiene significado propio en numerología. Ahora bien, si por casualidad te encuentras con un cero —ya sea sumando tu perfil numerológico o en una secuencia de números—, debes saber que este realza los números que acompaña. Por ejemplo, el número 20 intensifica la energía del 2. Cuantos más ceros veas, más amplificados estarán los demás números (por eso gusta verlos en la cuenta bancaria), siempre y cuando otro número distinto los acompañe.

Números maestros

Aunque la suma de una serie de números puede dar lugar a una sola cifra, hay tres números que se consideran más poderosos como pareja: cuando estos números aparecen repetidos, las vibraciones se multiplican, lo que los hace especiales. Estos se conocen como «números maestros». Solo el 11, el 22 y el 33 se consideran números maestros: representan lo que se conoce como el «triángulo de la iluminación».

Los números maestros tienen un gran poder e influencia; por eso los numerólogos piden deseos cuando el reloj marca las 11.11. Sin embargo, este poder también puede suponer determinados desafíos. Uno no se convierte en maestro de algo sin aprender antes algunas lecciones y los números maestros pueden conllevar pruebas que te ayuden a aprender y crecer. Esto es especialmente cierto si tu número del camino de la vida es un número maestro, sobre lo que volveremos en el tercer capítulo.

Tienes a continuación un resumen de los números maestros:

★ 11 ★
el visionario

El 11, el más intuitivo de todos los números maestros, representa la conexión con nuestra mente subconsciente. Verlo puede significar que se te anima a mirar más allá de las limitaciones del reino físico y a preguntarte qué puedes hacer de forma diferente. Este número maestro representa los ideales superiores, la invención y la fe, y motiva a encontrar el equilibrio en todos los ámbitos de la vida, desde el trabajo y el ocio hasta la búsqueda del equilibrio mental, de cuerpo y espíritu.

★ 22 ★
el creador

El número 22 representa la transformación de los sueños en realidad, así como la dualidad, la responsabilidad y la ética del trabajo para lograr grandes cosas. Sin embargo, puede que en nuestros intentos por construir algo duradero acabemos fracasando. Así que, si ves el 22, no temas el fracaso. En lugar de ello, abraza la posibilidad de lograr grandes cosas con esfuerzo.

★ 33 ★
el libertador

El menos habitual de los tres números maestros, el 33, actúa como nuestro maestro espiritual guiándonos a través de los muchos altibajos de la vida. Este número representa la energía, la pasión y el amor incondicional, y apoya a la humanidad aportando más alegría y pasión, y ayuda a encontrar los secretos del mundo. El 33 demuestra que se pueden vivir los momentos más oscuros para acabar siendo más fuerte y mejor persona que nunca.

De todas las prácticas metafísicas, la numerología es una de las más fáciles de aprender y tiene usos en todos los aspectos de la vida, desde el conocimiento de uno mismo hasta la adivinación. Podrás lograr mucho una vez que entiendas sus principios básicos.

Estudiar las fechas

Si se acerca un gran acontecimiento, como una presentación importante o incluso tu propia boda, la numerología puede ayudarte a determinar cómo transcurrirá ese día. Al descomponer la fecha en un número de un solo dígito, averiguarás la vibración del día y podrás planificar en consecuencia. Por ejemplo, si la fecha es un día cuatro, implicará trabajo duro y hacer frente a responsabilidades (según las vibraciones expuestas en la página 8). Por lo tanto, si quieres organizar un acontecimiento como una boda, busca hacerlo en días del mes que se correspondan con números más románticos, como el 2, el 3, el 6 o el 9.

La numerología puede incluso predecir cómo será un año determinado en tu vida. A cada persona le corresponde un año que probablemente le proporcionará las lecciones, los retos y los dones necesarios para pasar a la siguiente fase vital. Más adelante encontrarás más información al respecto.

23.09.2024 → 22 → 4

Los números
representan el grado
más alto de sabiduría.
Son sabiduría
en sí mismos.

PLATÓN

HERRAMIENTAS PARA LA NUMEROLOGÍA

La numerología es una de las prácticas metafísicas más sencillas porque no precisa de mucho. Los cálculos que se utilizan en numerología solo requieren aritmética básica, por lo que, a lo sumo, necesitarás una calculadora. E incluso si no tienes una, te bastará un trozo de papel y un lápiz, o incluso los dedos de las manos. Así que respira aliviado y guarda el transportador de ángulos.

Sin embargo, la herramienta más valiosa que utilizarás mientras lees este libro no es una calculadora, sino una mente abierta. Para que la numerología funcione de verdad, debes permanecer receptivo a la posibilidad de que los números supongan algo más que un valor (sobre todo monetario). Debes saber que portan energía y vibraciones que pueden afectarte en la vida. Este libro puede enseñarte lo más básico, pero no influirá en tu vida si no estás dispuesto a ello.

Si estás dispuesto a creer en el poder de los números, bienvenido a la magia de la numerología.

2.
Breve historia
de la numerología

IX

Aunque los sistemas numéricos se remontan a hace más de 40 000 años, se cree que el acto de contar es anterior al lenguaje. Esta capacidad forma parte de la biología humana, por lo que no es de extrañar que los números tengan tanta importancia en nuestra vida. Aunque el término «numerología» no apareció en las lenguas occidentales, como el español, hasta el siglo XX, la práctica existe desde hace miles de años y ha formado parte de casi todas las civilizaciones antiguas, como las de Egipto, Babilonia, China, Roma, India, Japón y Grecia. Para comprender mejor la numerología moderna, debemos fijarnos en los sistemas que la precedieron y en los que se siguen practicando hoy en día.

La numerología
a lo largo del tiempo

Los números han tenido un enorme impacto en los pueblos y culturas de todo el mundo. Hacemos un repaso de algunos de sus usos a lo largo de la historia.

Numerología caldea

La numerología caldea, una de las formas más antiguas, surgió en la antigua Mesopotamia unos diez siglos antes de nuestra era. Se basa en la idea de que ciertos números emiten vibraciones específicas portadoras de significado. Al igual que la astrología, también desarrollada en Mesopotamia, la numerología caldea se utilizaba para hacer predicciones. De la misma manera que en la numerología moderna, la caldea toma las vibraciones a partir del nombre completo y la fecha de nacimiento para predecir el futuro. Sin embargo, en lugar de utilizar los números del 1 al 9, la carta de la numerología caldea solo llega hasta el 8. El 9 se omite porque su conexión con el infinito lo convierte en uno de los números más sagrados.

Numerología cábala

Originaria en la cultura hebrea, la numerología de la cábala utiliza una forma particular del alfabeto hebreo para asignar un valor numérico a un nombre, palabra o frase en una práctica conocida como «gematría». Los primeros registros se remontan al siglo x a. C. en Asiria, un antiguo reino de Mesopotamia, en forma de una inscripción encargada por Sargón II, el rey del Imperio neoasirio. La inscripción reza así: «El rey construyó la muralla de Jorsabad de 16 283 codos de largo para que se correspondiera con el valor numérico de su nombre».

La gematría y la cábala se centran más en la numerología del nombre que en la fecha de nacimiento. Mediante esta forma de numerología, podrás conectarte con tu fuente interna de poder y alinearte con el propósito de tu alma a fin de encontrar una guía a través de la vida. También puede ayudarte a elevar tanto tu intuición como tu conciencia superior.

La cábala ha experimentado un aumento de popularidad en los últimos años, gracias en parte a que famosos como Lucy Liu, Ashton Kutcher y Madonna se han interesado por esta ciencia espiritual.

Numerología pitagórica

Esta es la forma de numerología con la que la gente está más familiarizada. El filósofo y matemático griego Pitágoras *descubrió* este tipo de numerología en el siglo VI a. C. Puede que recuerdes este nombre de tus clases de Matemáticas, Historia o Filosofía, pero, entre todos sus grandes logros, Pitágoras ha llegado a ser conocido como el padre de la numerología moderna.

Los números fascinaron a Pitágoras durante toda su vida, hasta el punto de que viajó a Egipto para estudiar el sistema de numerología caldea. Creía que todo podía reducirse a un número de una sola cifra. Este sistema numérico, similar a la gematría, se conoció como el «sistema numérico pitagórico», del que aprenderemos más en el tercer capítulo.

La numerología pitagórica puede predecir acontecimientos o el destino de una persona mediante su nombre y fecha de nacimiento. Sin embargo, esta práctica también sostiene que tenemos el poder de alterar nuestro destino cambiándonos de nombre, si así lo deseamos.

Numerología tamil

Originaria del sur de la India, de la región de Tamil Nadu, la numerología tamil (a veces conocida como numerología india) es similar a la práctica caldea en el sentido de que utiliza el nombre y la fecha de nacimiento para calcular el número personal. Mientras que un perfil numerológico moderno tiene seis dígitos, la numerología tamil consta de tres:

1. **Número psíquico.** El que resulta de sumar el mes y la fecha de nacimiento.

2. **Número del destino**. El que resulta de sumar los números de la fecha de nacimiento, incluido el año.

3. **Número del nombre**. El que resulta de sumar las letras del nombre completo, esto es, incluyendo los apellidos.

La numerología tamil considera que estos números nos conciernen a todos y pueden ayudarnos a darle sentido a nuestra realidad. La relación entre estos detalles personales y los números contiene información sobre nuestras fortalezas, debilidades y destino.

Numerología china

Mientras que muchos sistemas numerológicos se centran en el futuro de la persona, la numerología china adopta un enfoque distinto. Considera que, según sus vibraciones, algunos números traen buena suerte, mientras que otros pueden conllevar desgracias. Es por ello que hoy en día mucha gente evita ciertos números, para evitar la mala suerte.

Véase a continuación un rápido resumen de lo que representa cada número según la numerología china:

0 Representa los comienzos y trae buena suerte.

1 Representa la soltería y puede significar soledad o ser el «primero» en conseguir algo, por lo que puede traer tanto buena como mala suerte.

2 Se considera muy buen número, ya que «todo lo bueno viene de dos en dos».

3 Representa el crecimiento. Se puede asociar tanto a la buena como a la mala suerte, ya que el crecimiento puede ir en ambas direcciones: hacia nuevas y mejores etapas de la vida, o como salida de fases vitales importantes, incluida la vejez.

4 Considerado de muy mala suerte, representa la muerte. Al igual que el número 13 en la cultura occidental (también cada vez más en el contexto asiático), una superstición importante en Asia oriental es la asociada al número 4. Los hoteles lo omiten en sus plantas y números de habitación.

5 No representa nada, por lo que puede considerarse tan portador de fortuna como de mal agüero. Ahora bien, está asociado a los elementos del taoísmo (agua, fuego, tierra, madera y metal).

6 Representa la buena economía y la felicidad. Se considera un número de la suerte, especialmente en los negocios.

7 Representa la certeza. Puede traer mala o buena suerte, según el contexto, al igual que estar seguro de algo puede ser un hecho positivo o negativo.

8 Considerado el número de la suerte en la numerología y la cultura chinas, el número 8 representa la alegría y la prosperidad. La gente trata de utilizarlo tan a menudo como le es posible.

9 Asociado históricamente con el emperador de China, este número se utiliza con frecuencia en las bodas para representar relaciones duraderas.

La numerología en la religión

Aunque muchas religiones desprecian la numerología y todas las formas de adivinación por considerarlas inmorales y más propias del mal, los números han aparecido en todas ellas y a menudo tienen un valor significativo. He aquí algunos ejemplos:

3 En la fe católica existe la Santísima Trinidad, formada por el Padre, el Hijo y el Espíritu Santo. En la *wicca*, existen la Doncella, la Madre y la Arpía, junto con la regla de tres (que significa que la energía que inviertes en el mundo vuelve a ti multiplicada por tres). En la cábala, el alma consta de tres partes, y en el hinduismo hay tres caminos hacia la salvación.

6 Según el Apocalipsis, el 666 es el número de la bestia y se asocia con el diablo.

7 Hay siete sacramentos en la fe católica. Los cristianos creen en los siete pecados capitales. También existen siete *chakras*.

8 Hay ocho noches de *hanukkah* y ocho *sabbats* en la *wicca*. El 888 es conocido por representar a Jesús (o, más concretamente, al Cristo Redentor). También es el número del amor infinito.

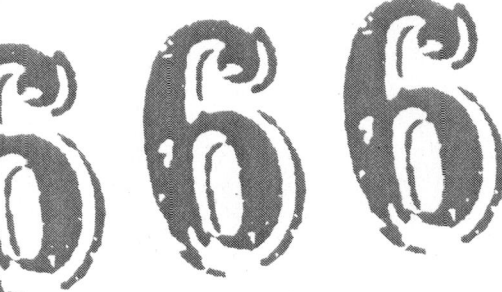

ADEPTOS FAMOSOS A LA NUMEROLOGÍA

Aunque Pitágoras es considerado el padre de la numerología, otros muchos la han utilizado para ayudar a comprender y entender su vida y carrera.

SIR THOMAS BROWNE
Polímata inglés, Browne escribió, entre otras obras, *El jardín de Ciro,* un discurso que hace uso de la numerología para explicar que el cinco aparece en toda la naturaleza.

L. DOW BALLIETT
Fue una de las numerólogas más famosas del siglo XIX. Dio a conocer la práctica y escribió algunos de los primeros libros sobre su historia. Ayudó a modernizar la numerología y habló sobre las vibraciones de los números.

CARL JUNG
El famoso psiquiatra suizo estaba fascinado por la numerología, pues creía que todos los números tienen un significado especial que puede influir en nuestra mente inconsciente. Creía que era posible acceder a los mensajes que el universo nos enviaba a través de los números.

La numerología en la actualidad

En el mundo actual, la numerología se ha convertido en otra forma popular de adivinación y conocimiento de uno mismo, al igual que la astrología y el tarot. A medida que más personas descubren su número del camino de la vida, a menudo este se convierte en una especie de «número de la suerte» para ellos. Por ejemplo, hay quien elige representarlo en la ropa o accesorios que lleva o lo tiene en cuenta a la hora de elegir qué números de lotería adquirir. Determinadas personas incluso deciden en qué calle y número vivir basándose en él.

La gente también opta por recurrir a la numerología en actividades creativas, incorporando números vitales a su trabajo. Un ejemplo es el de la cantante y compositora Taylor Swift, que utiliza a menudo el número 13 (el día en que nació) en su música, desde en la cantidad de pistas de sus álbumes hasta para determinar las fechas de lanzamiento de sus trabajos.

Ahora que ya conocemos la historia de la numerología, ¡empecemos a utilizarla!

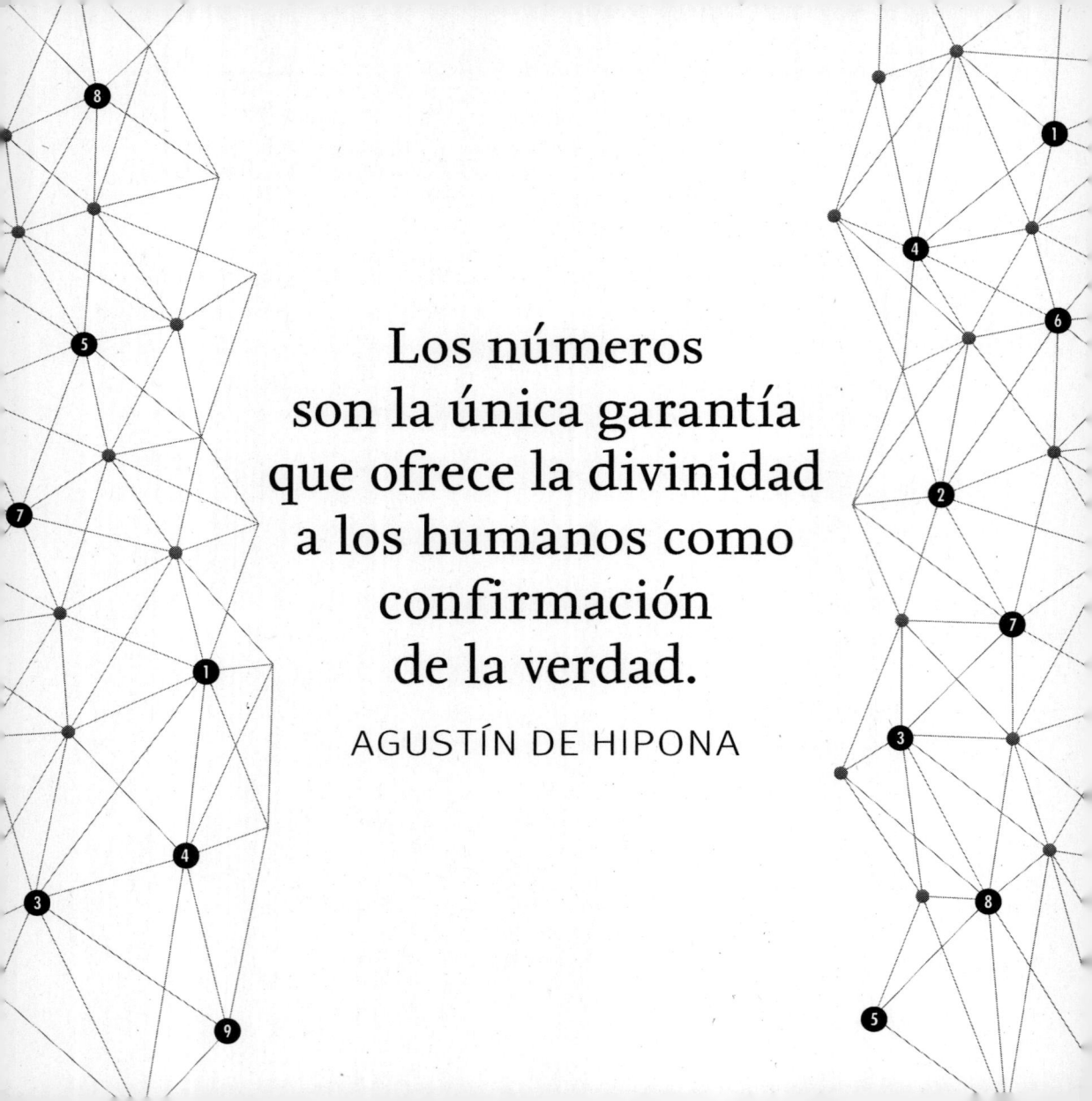

Los números
son la única garantía
que ofrece la divinidad
a los humanos como
confirmación
de la verdad.

AGUSTÍN DE HIPONA

3.
Numerología
para conocerse
a uno mismo

IX

Como han descubierto muchas culturas de todo el mundo, los números desempeñan un papel fundamental para comprender nuestra personalidad, deseos y destino, y pueden ayudarnos a trazar nuestro viaje por la vida. En este capítulo veremos en qué consiste el perfil numerológico, desglosando cada uno de los seis números básicos y aprendiendo a calcular cada uno de ellos. También se ofrece orientación sobre la definición de cada uno de esos números, lo que significa que puedes elaborar y comprender tu perfil y el de los demás. Así que hazte con una calculadora y empecemos.

Crear un perfil numerológico

Un perfil numerológico es una secuencia de números derivada de la fecha de nacimiento y el nombre, que puede actuar como guía personalizada en la vida. Tu perfil revela partes clave de tu personalidad, incluidos los puntos fuertes y débiles, objetivos, deseos, primeras impresiones y características más relevantes. Al igual que la carta natal astrológica, el perfil numerológico muestra quién eres y en quién te puedes convertir. De la misma manera que un signo solar o ascendente revela la identidad de una persona, cada número del perfil cuenta una historia.

Los perfiles numerológicos pueden ser simples o complejos, dependiendo de la profundidad con la que desees explorarlos. En este libro analizaremos los seis números principales que componen el perfil numerológico: los números del alma, la personalidad, el destino, el cumpleaños, el camino de la vida y la actitud. Tres números se derivan del nombre y los otros tres, de la fecha de nacimiento.

A continuación tienes una breve explicación de lo que representan las cifras básicas del perfil:

1. **Número del alma**. Tus deseos internos y lo que satisface tu alma.

2. **Número de la personalidad**. Cómo te ven los demás (amigos, familia, compañeros de trabajo).

3. **Número del destino**. Hacia dónde te diriges en la vida, en quién te

convertirás finalmente. También representa los puntos fuertes que desarrollarás.

4. **Número del cumpleaños**. Los dones con los que has nacido, tus talentos naturales.

5. **Número del camino de la vida**. El viaje que estás haciendo en la vida. Tu identidad. A diferencia del número del destino, que representa a la persona que estás «destinada» a ser, este te representa a ti en todos los ámbitos de la vida.

6. **Número de la actitud**. Tu actitud ante la vida y la primera impresión que das.

Todos estos números pueden ayudarte a entender quién eres, pero el más significativo es el del camino de la vida.

Este número es similar al signo solar en astrología: actúa como tu representante y te guía por la vida.

Si aprendes a crear un perfil numerológico, podrás conocerte mejor a ti mismo y a las personas que forman parte de tu vida. A diferencia de una carta astrológica, que requiere un conocimiento detallado de las horas de nacimiento y la ubicación, todo lo que necesitas para crearlo es un nombre y una fecha.

Nombre y apellidos

Nuestro nombre es una de las primeras cosas que recibimos y nos acompaña toda la vida. Es nuestra carta de presentación, nuestra identidad y nuestro legado. Es tan importante que los tres primeros números de nuestra carta numerológica (alma, personalidad y destino) proceden de los números secretos ocultos en las letras de nuestro nombre. Al descifrarlos, podemos desbloquear todo el poder que tenemos, descubrir cómo nos ven los demás y hacer realidad los deseos de nuestro corazón.

¿Cómo se convierten las letras en números? No, no se requieren hechizos mágicos ni cálculos complicados. En lugar de eso, recurrimos a nuestro viejo amigo Pitágoras. Pitágoras no solo nos legó las bases de la numerología. También proporcionó un sistema numérico que asigna un número de un solo dígito a cada letra del alfabeto, lo que significa que A es 1, B es 2 y así sucesivamente. Para guiarte a lo largo de este capítulo, te ofrecemos un práctico cuadro.

Sistema numérico pitagórico

Utiliza esta tabla para consultar las equivalencias de las letras de tu nombre a la hora de descifrar tu número del alma, de la personalidad y del destino. Puedes utilizar cualquier nombre con el que te identifiques.

1	2	3	4	5	6	7	8	9
A	B	C	D	E	F	G	H	I
J	K	L	M	N/Ñ	O	P	Q	R
S	T	U	V	W	X	Y	Z	

Notas útiles

Antes de sumergirnos en los números de tu perfil numerológico, es importante que tengas en cuenta lo siguiente.

¿Qué pasa con la y?

A la hora de calcular tus números del alma y de la personalidad, las vocales y las consonantes son especialmente importantes. Pero ¿qué ocurre si tu nombre lleva una y? Por suerte, hay un truco fácil que te ahorrará dolores de cabeza:

★ Si está junto a una vocal, se trata de una consonante, como en Bryan, Zoey o Greyson.

★ En cambio, si se encuentra entre consonantes, se considera una vocal, como en Evelyn, Skylar y Dylan.

Números maestros

El número maestro no se reduce a un solo dígito en un caso: cuando se calcula el del camino de la vida. Si aparece en cualquier otra posición, redúcelo a un número de un solo dígito: 11 se convierte en 2; 22, en 4, y 33, en 6. Los números maestros implican mayor intensidad. Por ejemplo, si tienes un 11 como número del destino, es posible que te enfrentes a retos adicionales y cuentes con un deseo más profundo de alcanzar los objetivos que te propongas.

El número del alma

El número del alma es el primero de tu perfil numerológico, pero el segundo en cuanto a importancia. Nuestro número del alma nos dice qué es lo que más queremos en esta vida —qué ansía nuestra alma— y nos ayuda a identificar la fuente de nuestra felicidad más profunda. En esencia, representa lo que queremos, cómo lo perseguimos y quiénes somos en esencia.

Lo obtenemos sumando todas las vocales de nuestro nombre. Por ejemplo, para calcular mi número del alma (Elsie Wild), nos fijamos en todas las vocales:

ELSIE WILD

$$5 + 9 + 5 + 9 = 28$$

$$2 + 8 = 10$$

$$1 + 0 = 1$$

Mi número del alma es el 1.

Definiciones del número del alma

Ahora que sabemos la manera de calcular el número del alma, veamos qué significa. A continuación sabrás cómo interpretarlo:

1 Tu alma ansía el éxito. Se esfuerza constantemente por conseguir logros y triunfos, especialmente si las circunstancias están en tu contra. Como alma independiente, tienes el impulso, la determinación y la pasión para ir tras lo que deseas. Tu audacia y valentía te convierten en un líder natural, pero tu alto nivel de exigencia hace que te resulte difícil encontrar la satisfacción.

2 Tu alma necesita estar rodeada de las personas que quieres. Te esfuerzas por conseguir el equilibrio, la paz y la armonía, intentando hacer felices a todos, incluso con un gran coste personal. Tienes un gran corazón y una paciencia, compasión y empatía ilimitadas. Encuentras la felicidad realizando generosos actos de bondad, pero no te olvides de pedir ese mismo amor a cambio.

3 Tienes el corazón de un artista con un profundo deseo de crear. Tu alma lo necesita. Ya seas escritor, músico, estilista o chef, quieres alegrar la vida de la gente. Eres imaginativo y extrovertido. Crea sin límites, pero mantén en todo momento los pies en la tierra.

4 Tu alma, que es planificadora, anhela seguridad y protección. Necesitas tenerlo todo a cubierto para sentirte tranquilo. Eres un trabajador diligente, con los pies en la tierra y organizado. Aunque buscas organización y perfección, no temas tener un poco de fe en que las cosas saldrán bien.

5 Tu alma desea la libertad más que cualquier otra cosa. Tienes corazón de aventurero, traspasas fronteras y limitaciones para descubrir cosas nuevas y maravillosas. Eres curioso, entusiasta y el alma de todas las fiestas. Ansías cambios y originalidad.

6 Tu alma desea un hogar: el lugar donde están todos tus seres queridos. Cuidador por naturaleza, eres solidario, compasivo y empático. Necesitas sentirte útil para verte bien, aunque a veces sacrifiques más de la cuenta.

7 Tu alma desea aprender todo lo que pueda: desde leer libros hasta emprender un viaje espiritual; esperas desvelar muchos de los misterios del mundo. Eres introspectivo y muy observador, y más feliz cuando estás solo en la naturaleza.

8 Tu alma ansía la abundancia. Desde la independencia financiera hasta el poder y la influencia, eres ambicioso y emocionalmente fuerte, y tienes una energía autoritaria que todos perciben. Asegúrate de que tu corazón siga siendo generoso cuando alcances el éxito que buscas.

9 Quieres hacer del mundo un lugar mejor. Harías cualquier cosa por ayudar a alguien que lo necesita, desde un amigo en crisis hasta un desconocido con necesidades financieras. Tu alma se cura cuando te desprendes de viejos dolores familiares.

Número de la personalidad

Mientras que el número del alma refleja tus deseos más profundos y tu yo interior, el número de la personalidad revela tu yo exterior, esto es, tu persona pública, el modo en que te perciben los demás, cómo ven la máscara que llevas. Se manifiesta en tus reacciones externas y en tu comportamiento, incluso cuando no eres plenamente consciente de él.

Se obtiene sumando las consonantes del nombre hasta reducirlo a un número de un solo dígito. Por ejemplo, para saber cuál es mi número de la personalidad, tenemos que fijarnos en las consonantes:

Mi número de la personalidad es el 7.

Definiciones del número de la personalidad

Ahora que sabemos calcular el número de la personalidad, veamos qué significa cada uno de ellos:

1 La gente te ve como un líder fuerte: independiente y al mando. Ya sea creando tendencias, una empresa o liderando proyectos, la gente te sigue. Se te ve como alguien capaz y decidido, pero puedes parecer poco receptivo y algo dominante.

2 La gente te ve como una persona amable. Tu naturaleza modesta te convierte en un excelente oyente. Eres diplomático y prefieres guardarte tu opinión. La gente te describe como una persona afable y comprensiva, pero también pueden pensar que eres sensible y fácil de convencer.

3 Parece que tienes madera de estrella. La gente asume que eres un artista: un creador que desea inspirar. La gente te ve como alguien extrovertido, optimista y hablador. Sin embargo, quizás piensen que puedes ser exagerado, malhumorado y algo disperso.

4 Das la impresión de ser una persona que hace las cosas bien. Muy eficiente y serio, la gente confía en tus decisiones porque parecen racionales y bien informadas. Te describen como alguien fiable y digno de confianza, pero también pueden pensar que eres predecible y hasta cierto punto severo.

5 Te muestras como alguien que sabe divertirse, apasionado y preparado para la próxima aventura. Siempre tienes una historia que contar, desde tu última escapada hasta el cotilleo más reciente. La gente te ve como una persona enérgica y de espíritu libre, pero también pueden pensar que te aburres con facilidad.

6 Sueles ser el hombro perfecto sobre el que llorar. Los desconocidos se vuelcan contigo a la primera de cambio. Intuyes lo que la gente necesita. A menudo se te describe como compasivo y cariñoso, pero también puedes parecer resentido y complaciente.

7 Despiertas misterio. Eres introvertido y pareces perdido en tu propio mundo, aunque te abres cuando alguien interactúa contigo. La gente te ve como alguien inteligente, reservado y observador. Sin embargo, también puede tacharte de arrogante e insensible.

8 Los demás te ven como el jefe. Caminas con confianza y autoridad y sueles ir bien vestido.

Ven en ti tu fuerte ética de trabajo y sabes hasta dónde tendrás que llegar para conseguir lo que deseas. A menudo se te describe como una persona ambiciosa y fuerte, aunque para algunos resultas algo intimidante.

9 Pareces alguien en quien la gente puede confiar y que tiene en cuenta los intereses de todos. Inspiras a las personas a dar lo mejor de sí mismas. Te ven como una persona carismática, espiritual y creativa. Sin embargo, puedes resultar intimidante y despertar envidias.

Si tan solo conocieras
la magnificencia
de los números
3, 6 y 9,
tendrías la llave
del universo.

NIKOLA TESLA

Número del destino

Mientras que el número del camino de la vida te dice cómo será el viaje de tu vida, el número del destino puede revelar el objetivo final. Este número muestra las metas a las que aspirarás en tu vida familiar y laboral y el legado que deseas dejar. Si tu número del destino y el del camino de la vida coinciden, te resultará fácil alcanzar tu objetivo. En cambio, si son diferentes, puede que tardes más tiempo en llegar a él.

Tu número del destino es fácil de calcular. Solo tienes que sumar el número del alma al de la personalidad. Probemos esto en mi caso.

Mi número del alma es el 1 y el de la personalidad, el 7.

1 + 7 = 8

Mi número del destino es el 8.

Definiciones del número del destino

Ahora que lo hemos calculado, veamos cuál es nuestro destino:

1 Líder por naturaleza, la fuerza que demuestras proviene de tu capacidad para lograr cosas notables gracias a tu determinación y empuje. Tienes una larga lista de ambiciones que deseas alcanzar durante tu estancia en este mundo. Tu destino es convertirte en el mejor haciendo lo que haces.

2 Tienes el don de amar sin condiciones, lo que te ayuda a sacar lo mejor de cada persona. Desprendes encanto y albergas un corazón generoso. Tu destino es ayudar a crear un mundo mejor, aunque solo sea haciendo que tu entorno sea pacífico y esté lleno de amor.

3 Artista nato, tus talentos y puntos fuertes proceden de tu mente creativa, tu lengua rápida y tu capacidad para hacer que cualquier cosa resulte divertida. Sin embargo, aunque te encanta oír cómo te alaban, lo que más te preocupa es entusiasmar a la gente. Tu destino en la vida es descubrir cómo llevar alegría a los demás.

4 Resolutivo y digno de confianza, tu punto fuerte es que eres capaz de gestionar cualquier situación.

Piensas con racionalidad bajo estrés. Tu fuerte ética laboral te ayuda a alcanzar tus sueños de manera constante. Tu destino es convertirte en un experto en el campo que elijas y compartir tus conocimientos.

5 Tienes el corazón de un explorador y tu fuerza proviene de tu capacidad para asumir riesgos. Estás dotado de un espíritu valiente que te hace anhelar una vida llena de sorpresas. Estás en constante movimiento, celebrando la vida en todo su esplendor. Tu destino es experimentar al máximo.

6 Tienes el don de hacer que la gente se sienta querida y segura. Tu aura natural de autoridad atrae a la gente hacia ti. Responsable, maduro y profundamente leal, eres hábil cuidando de los demás, desde los miembros de tu familia hasta los clientes en tu entorno laboral. Tu destino es construir unos cimientos sólidos y estables en la vida.

7 Este es un número que refleja labor intelectual y tranquilidad. Tu fuerza reside en tu poder de observación. Utilizando la lógica y la intuición, cuentas con la concentración y el interés necesarios para estudiar cualquier cosa. Trabajas con constancia para alcanzar tus objetivos. Tu destino es compartir tu sabiduría con el mundo.

8 Fuerte, decidido e increíblemente ambicioso, eres un líder natural cuya fuerza procede de tu influencia sobre los demás. Tu deseo de seguridad económica y de conseguir cosas te impulsa. Tu destino es ser una figura de autoridad en el campo que elijas.

9 La fuerza que tienes proviene de tu profundo deseo de hacer del mundo un lugar mejor. Tu visión y tus ideas pueden convencer a casi todo el mundo. Tu corazón compasivo y caritativo puede llevarte a un estado superior de conciencia. Tu destino es utilizar tus cualidades únicas para ayudar a la humanidad.

Números de nacimiento

Después de los números relacionados con el nombre, hay otros tres números vinculados con el día del nacimiento: el número del cumpleaños, el del camino de la vida y el de la actitud. A diferencia de los primeros, que pueden variar, estos últimos son permanentes y una parte clave para desvelar los secretos de la vida de la persona.

Número
del cumpleaños

El día en que naciste tiene una gran influencia en tu vida. Esta fecha fue elegida para ti por una razón: para guiarte en tu propósito superior.

Tu número del cumpleaños debe ser de una sola cifra. Si naciste entre el 1 y el 9 del mes, ese es tu número del cumpleaños. En caso de no ser así, suma los dígitos del día de tu cumpleaños para llegar a una sola cifra. Por ejemplo, si naciste el día siete, tu número de cumpleaños es el 7. Si naciste el día veintitrés, es el 5 ($2 + 3 = 5$). Si naciste el veintinueve, tu número es el 2 ($2 + 9 = 11$, luego, $1 + 1 = 2$).

Definiciones del número
del cumpleaños

Ahora que lo has calculado, vamos a ver qué significa:

1 Si has nacido un día 1, 10, 19 o 28, sabes tomar la iniciativa. Eres un emprendedor y tu fuerza reside en tu determinación para triunfar. Creas tus propias oportunidades, pero puedes ser testarudo y egoísta. Tu lección es aprender a compartir.

2 Si has nacido un día 2, 11, 20 o 29, sabes ver todos los aspectos de una situación. Esta naturaleza imparcial te ayuda a encontrar soluciones para todo. Tu carácter considerado y solidario te permite trabajar bien en grupo. Tu fuerte intuición es tu mejor don, pero puedes ser demasiado sensible. Tu lección es aprender a defenderte.

Nota: Si has nacido un día 11, tienes un nivel de intuición extremadamente elevado: muchas personas nacidas este día son empáticas o psíquicas.

3 Si has nacido un día 3, 12, 21 o 30, has sido bendecido con el don de la palabra. Tu talento es la creatividad y sabes hacer desde creaciones artísticas hasta emanar positividad. Tu fuerza reside en tu alegría y carisma. Sin embargo, tienes problemas de mal humor y te falta tesón. Tu lección es aprender a gestionar tus habilidades.

4 Si has nacido un día 4, 13, 22 o 31, tienes una fuerte ética del trabajo que te permite perseverar. Siempre tienes un plan y eres organizado, práctico y bueno con los detalles. Aunque se te da bien dirigir a las personas, te cuesta relacionarte con ellas por tu carácter algo brusco e inflexible. Tu lección de vida es aprender que no necesitas controlarlo todo.

Nota: Si has nacido el día 22, puedes conseguir grandes logros.

5 Si has nacido un día 5, 14 o 23, estás dotado de un ingenio rápido. Tu punto fuerte es la flexibilidad, el amor por los cambios y un espíritu aventurero. Sin embargo, puedes ser inquieto en exceso. Tu lección de vida es aprender a terminar lo que has empezado.

6 Si has nacido un día 6, 15 o 24, eres una persona que cuida. Tu fuerza reside en tu capacidad para curar a las personas. Eres leal y tienes una gran intuición, pero puedes resultar entrometido y dar en exceso. Tu lección de vida es poner límites para protegerte.

7 Si has nacido un día 7, 16 o 25, has sido bendecido con una mente inquisitiva. Tus puntos fuertes son la inteligencia y la conciencia espiritual. Sin embargo, eres muy reservado y necesitas soledad para relajarte. Tu lección es equilibrar el tiempo para ti con el que dedicas a las relaciones sociales.

8 Si naciste un día 8, 17 o 26, eres un triunfador en ciernes. Dotado de diligencia, tienes talento para crear objetivos alcanzables. Aunque tienes un gran poder personal, eres propenso a los accidentes y debes cuidar tu salud. Tu lección de vida es aprender que el éxito espiritual es mayor que el material.

9 Si has nacido un día 9, 18 o 27, eres una persona solidaria y que trabaja duro por el bien común. Dotado de un corazón generoso y una mente abierta, tienes talento para hablar en nombre de la gente y te satisface servir a los demás. No buscas posiciones de liderazgo, pero la gente te suele colocar en esos puestos. Sin embargo, puedes parecer condescendiente y distante. Tu lección de vida es perdonar a los demás.

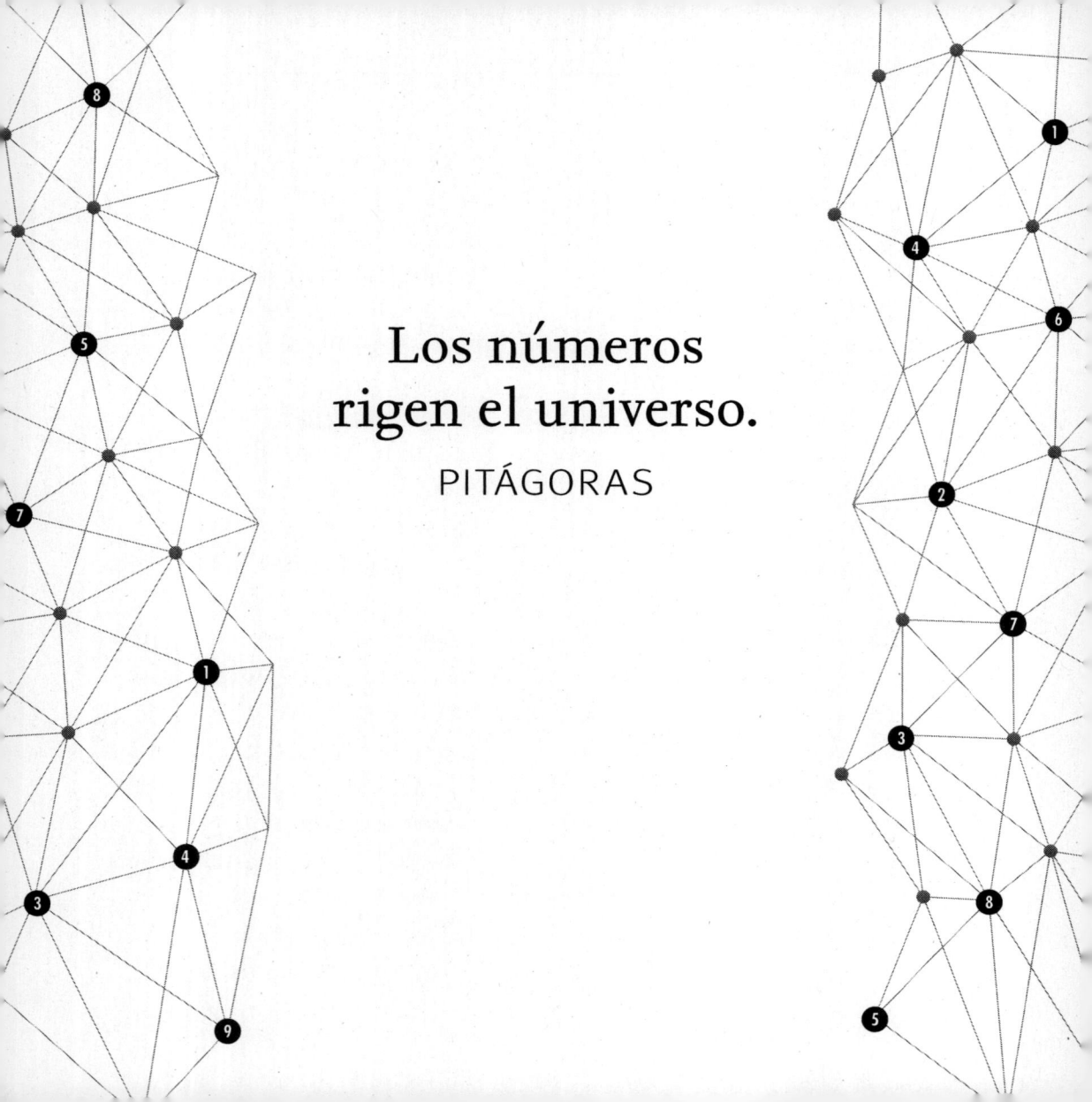

Los números rigen el universo.

PITÁGORAS

El número del camino de la vida

Tu número del camino de la vida es el más importante del perfil numerológico. Indica quién eres en esencia y en quién estás destinado a convertirte. Te muestra el camino que seguirás en la vida, por lo que conocerlo puede ayudarte a recorrerlo. También puede revelar los altibajos de la vida y tus puntos fuertes y débiles. De todos los números de tu perfil, te sentirás más unido a este gracias a su influencia orientadora.

Se calcula sumando las cifras de la fecha de nacimiento hasta llegar a un solo dígito (a menos que se trate de un número maestro).

Por ejemplo, si naciste el 23 de agosto de 1994, has de sumar 2 y 3 (el día) a 8 (agosto es el octavo mes), más las cifras de 1994, como se muestra aquí:

$$2 + 3 + 8 + 1 + 9 + 9 + 4 = 36$$
$$3 + 6 = 9$$

El número del camino
de la vida en este caso es el 9.

Definiciones del número del camino de la vida

Ahora que hemos calculado nuestro número del camino de la vida, veamos a dónde nos lleva:

1 El número 1 es una línea recta que se erige en solitario y se esfuerza por llegar a lo más alto. Esto describe el núcleo de la trayectoria vital de quien lo tiene: un individuo independiente con un ardiente deseo de ganar. Lo que consigue no es lo más importante; el hecho de alcanzar objetivos y vencer a los demás es lo que le produce verdadera emoción. Sin embargo, puede sentirse solo en la cima.

Los que lo tienen como número del camino de la vida son líderes natos: personas con motivación, seguras de sí mismas y llenas de ideas innovadoras. Se sienten mejor cuando están al mando y trabajan duro para conseguir todos sus objetivos y ambiciones.

Sin embargo, su naturaleza competitiva puede ser un arma de doble filo. Les empuja hacia el éxito, pero puede volverlos agresivos, dominantes y egocéntricos, sobre todo cuando no consiguen sus objetivos lo bastante rápido. La mayor lección es que deben ser más amables consigo mismos y pedir ayuda cuando la necesiten.

2 La forma del número 2 es curva; su trazo entra y sale, serpentea. Muestra el equilibrio que esta persona desea tan profundamente. Quienes lo tienen buscan la armonía en todos los aspectos de su vida y a menudo hacen lo imposible por conseguirla.

Esta persona desea amar y, a cambio, ser amada. No es difícil amar a alguien con un 2 como número del camino de la vida: son amables, pacientes y tolerantes. Estos rasgos son muy útiles a la hora de mediar en conflictos o trabajar en equipo, ya que estas personas odian estar solas. Sin embargo, su mayor don es la intuición, que los guía en todas las situaciones.

Una de las características que los definen es la emoción, que puede ser tanto una bendición como una maldición. Aunque su hipersensibilidad les proporciona una gran compasión, sentir las emociones de todo el mundo puede agotarlos rápidamente. La mayor lección de estas personas es equilibrar su necesidad de hacer feliz a todo el mundo, incluso a sí mismos.

 La numerología occidental considera que este número es el más afortunado porque se parece a un par de herraduras. Esto explica la increíble suerte de quien lo tiene. Dotados de una alegría de vivir natural, estos individuos brillan como las estrellas que son, tratando de levantar el ánimo y llevar alegría al mundo.

Quienes responden a él son creativos y habladores. Estas criaturas sociales pueden conectar con cualquiera utilizando su humor inteligente, su carisma y su radiante optimismo para atraer y mantener la atención. Son artistas naturales y actúan como si fueran el personaje principal de la historia de su vida.

Sin embargo, eso no quiere decir que sean perfectos. Pueden ponerse de mal humor fácilmente cuando se hieren sus sentimientos. Su agudeza de ingenio puede hacer que se dirijan a los demás y a sí mismos con una lengua afilada. El propósito de la vida de estas personas es utilizar su don de la comunicación para hacer del mundo un lugar mejor.

4 El 4 tiene el aspecto de un número cuidadosamente construido que consta únicamente de líneas rectas y angulosas. Este diseño encaja perfectamente con la necesidad de estas personas: orden, eficacia y una base estable. No dejan nada a medias: trabajadoras, están en el mundo para terminar tareas y asegurarse de que se han hecho para durar.

Adoptan un enfoque de la vida sin rodeos. Son planificadores; si van a hacer algo, lo harán bien. Con los pies en la tierra, racionales e inteligentes, estos individuos devoran la información y disfrutan compartiendo ese conocimiento. Son honestos y esperan honestidad a cambio.

Aunque son sensatos, no son muy flexibles. Suelen obstinarse en sus hábitos y opiniones y rara vez cambian porque temen el caos que conlleva la incertidumbre. Su lección de vida es aprender a asumir riesgos: solo así crecerán.

5 El número 5 tiene una forma interesante. Se abre tanto a la derecha como a la izquierda y se curva en la parte inferior. Su forma representa la necesidad de cambio constante.

Estos individuos ansían la aventura. Aunque no sean de los que viajan a lugares lejanos o se lancen a vivir experiencias temerarias, estarán encantados de leer sobre ellas o de crear su propio mundo de diversión y evasión; son narradores natos. Encantadores, entusiastas y dispuestos a todo, les gusta hacer las cosas a su manera y vivir la vida al máximo.

Aunque tienen una amplia gama de intereses, se aburren con facilidad y rara vez terminan lo que empiezan, por lo que prefieren pasar a algo nuevo. Pueden incluso abandonar su zona de confort simplemente porque se aburren. Buscan

crear una vida de la que no sientan la necesidad de escapar.

6 A menudo se hace referencia a este número como la «madre de la numerología», en parte porque su forma se parece a la de una mujer embarazada. Sin embargo, no hay que limitar la trayectoria vital de estas personas a la maternidad o paternidad: dan a luz ideas, arte y el amor que entregan libremente al mundo.

Estos individuos tienen un aura que acoge a la gente en su círculo íntimo. Generosos, leales y cariñosos, a menudo atraen a personas desamparadas, a veces incluso a animales. No son solo un hombro sobre el que llorar: están dispuestos a dedicar tiempo y esfuerzo para ayudar a resolver los problemas de la gente, lo que los convierte en excelentes amigos.

Aunque están dispuestos a hacer cualquier cosa por alguien, también pueden sobrepasar los límites de los demás e inmiscuirse en situaciones que no les conciernen, expresando en voz alta sus opiniones. La lección de vida para estas personas es aprender a equilibrar su sentido de la responsabilidad.

7 La curiosa forma del número 7 se parece a la de un bumerán. Se trata de una similitud muy acertada porque, al igual que el arma arrojadiza, quien responde a este número a menudo volverá sobre un tema, lugar o relación, reflexionando sobre cómo puede aprender de ello.

Estos individuos son estudiosos con una curiosidad insaciable. A menudo verás que investigan y analizan solo por diversión. Analíticos e inquisitivos, suelen intentar equilibrar su mente lógica con su naturaleza espiritual para descubrir los secretos del universo.

Aunque les encanta descubrir los secretos de los demás, mantienen su vida privada muy protegida. Esto les hace tener fama de solitarios, de personas incapaces de conectar con otras personas, ya que se sumergen en sus investigaciones y ven el mundo con cinismo. Deben aprender a tener fe en sí mismos y en los demás.

8 El número 8 es muy poderoso en la numerología porque tiene la forma de un símbolo de infinito en vertical. Este símbolo representa los altibajos de la vida y muestra con precisión el viaje que se hace a lo largo de la existencia. Para obtener lo mejor de lo que la vida tiene que ofrecer, estas personas tendrán que experimentar dificultades.

Estos individuos son influenciadores natos. Están destinados a triunfar y, aunque no les resulte fácil, están dispuestos a trabajar para conseguirlo. Asertivos, poderosos y resistentes, no tienen miedo de subirse a la montaña rusa de la vida siempre que los lleve al éxito.

Sin embargo, no desean tener éxito porque sí. Quieren una seguridad económica y el poder que conllevan los logros. Si su vida se rige por el dinero, pueden volverse codiciosos, egoístas y controladores. Por tanto, deben aprender que el dinero y el poder no son los únicos indicadores del éxito.

9 Conocido como el número de la culminación, el 9 es el más evolucionado de la numerología, ya que contiene cualidades de todos los demás números. Tiene la forma de una cabeza llena de la sabiduría de todos los números. Esta sabiduría significa que las personas relacionadas con el 9 están en el mundo para guiar a los demás por la vida.

Son individuos maduros. Solidarios e idealistas, su compasión, inteligencia y brújula moral los guían en la vida mientras se esfuerzan por hacer del mundo un lugar mejor. También tienen un gran sentido del humor, les encanta reír y son muy creativos. Todo ello lo utilizan para ayudar a los demás.

Sin embargo, como les encanta ayudar a los demás, a menudo asumen el dolor del mundo cuando nadie se lo ha pedido. También abren viejas heridas del pasado, lo que no les permite sanar. Deben aprender a dejar atrás el pasado y seguir adelante.

11 Como número maestro, el 11 tiene más dones que un número de una sola cifra. También conlleva retos más complejos que superar. Es el número más intuitivo de la astrología, lo que ofrece tanto recompensas como inconvenientes.

Los individuos que lo tienen como número del camino de la vida suelen considerarse adelantados a su tiempo. Dotados de dos unos, tienen un espíritu pionero y un don para las ideas revolucionarias. Sin embargo, les resulta difícil convencer a la gente y dejan de lado sus ideas en favor de lo que más conviene al grupo. Son creativos, diplomáticos y profundamente sensibles. Estos rasgos pueden hacer que sean una inspiración para el mundo.

Necesitan aprender a hablar por sí mismos. Son muy autocríticos y sensibles, por lo que es fácil que cambien de parecer con facilidad. Su misión en la vida es utilizar sus dones únicos para cambiar el mundo, aunque no vean la recompensa de sus esfuerzos.

22 El camino de la vida de estas personas es como un intenso viaje. Aunque tienen mucho que superar para alcanzar el destino, también cuentan con las habilidades para hacerlo. Y la mayor de ellas es la capacidad de convertir lo que se propongan en realidad.

Este número es conocido como «el creador» gracias a su naturaleza racional, que toma los sueños y los convierte en objetivos alcanzables. Sin embargo, estas personas tendrán que trabajar lenta e incansablemente durante años para dar vida a su visión. Necesitan paciencia, que tienen en abundancia. Trabajadores, diligentes e informados, estos individuos pueden lograr grandes cosas.

A menudo intentan hacerlo todo por sí mismos, pues tienen muy poca fe en que otra persona pueda asumir el trabajo. Esta actitud de «puedo con todo» a veces los aísla. Por tanto, deben aprender a crear un legado que puedan dejar atrás, aunque necesiten ayuda para lograrlo.

 Estas personas no sufrirán las mismas dificultades y retos que otras gracias a sus dos tres, que los hacen un poco más afortunados. Este número se conoce como «el entregador» por su impulso por compartir conocimientos e ideas con el mundo.

Influyentes, compasivas y profundamente creativas, estas personas pueden transmitir un mensaje claro y comprensible para el resto. Ya sea a través del arte, los medios de comunicación o el poder de la palabra, transmitirán su mensaje. Esperan utilizar su don para ayudar al mundo y difundir el mensaje de la curación.

Sin embargo, lo cierto es que estos individuos deben curarse primero a sí mismos. Tienen emociones fuertes que pueden llevarlos a actuar movidos por el dolor, la ira o los celos. Tendrán que aprender a ser responsables de sus actos. La lección, por tanto, es aprender a dejar de lado sus emociones para transmitir su mensaje.

El número de la actitud

Veamos ahora el último número de tu perfil numerológico. Representa tu actitud ante la vida y tu forma de enfrentarte al mundo. También guarda relación con la primera impresión que das. Saber cuál es te ayuda a comprender cómo ves el mundo y cómo el mundo te ve a ti. También puede ayudarte a descubrir algunas de tus habilidades naturales.

Para calcularlo, suma el día al mes de nacimiento. A modo de ejemplo, véase el mío:

Nací un 6 de julio, así que:

$$6 + 7 = 13$$

$$1 + 3 = 4$$

Mi número de actitud es el 4.

Definiciones del número de la actitud

Veamos a continuación qué implica cada uno de los números de la actitud:

1 Tienes una actitud ganadora. Autosuficiente y motivado, das la impresión de ser alguien que se esfuerza por ir a por todas en cada aspecto de la vida. Rara vez pides ayuda, lo que puede hacerte parecer distante y competitivo. Brillas cuando recibes elogios.

2 Tienes una actitud agradable que te hace caer simpático al instante. Eres amable y muy receptivo a las energías y acciones que te rodean. Este es un número habitual entre las personas que ven el mundo a través de una lente espiritual. Sin embargo, puedes llegar a comportarte de manera tímida y apocada.

3 Tienes la actitud de un artista y a menudo te expresas de manera creativa. Ves el mundo a través de una lente optimista que deseas compartir. A pesar de ser bueno en el plano social, necesitas descansos para no estar conectado todo el tiempo; en caso contrario la gente podría llegar a considerarte como alguien inmaduro o de escasa confianza.

4 Exudas fiabilidad. Con los pies en la tierra y en todo momento razonable, afrontas la vida siguiendo un plan detallado y continuos planes b por si las cosas se tuercen. Sin embargo, puedes dar la impresión de ser una persona preocupada y que se inquieta constantemente por lo que no controlas; puedes llegar a mostrarte autoritario respecto de tus preocupaciones.

5 Adoptas una actitud divertida. Eres un pensador libre y la gente suele considerarte un genio por todas tus ideas innovadoras. Ves la vida como una aventura y te gustan los cambios. Sin embargo, puedes parecer imprudente e inmaduro.

6 Tienes la actitud de alguien a quien le encanta hacer amigos. Para ti, la familia no está determinada únicamente por lazos de sangre. Consideras de la familia a tus amigos, mascotas, vecinos y empleados. Como cabeza de familia puedes ser un poco autoritario y entrometido, pero eres a quien llaman en caso de crisis.

7 Tu actitud es la de un erudito y a menudo se te ve leyendo un libro u observando a otras personas. Desprendes un aura misteriosa que hace difícil saber en qué piensas. Sin embargo, eres bueno solucionando problemas, puedes ver detalles que otros pasan por alto y analizar bien las situaciones.

8 Tienes la actitud de alguien con poder e influencia. La gente se siente intimidada por tu aura y la confianza y ambición que desprendes. Sueles ir bien vestido y, aunque tu lema es «finge hasta que lo consigas», puedes parecer frío.

9   Tienes la actitud de un activista. Ves las injusticias y deseas acabar con ellas. Compasivo y con conciencia social, te esfuerzas por ayudar a la gente y hacer del mundo un lugar mejor. Aunque puedes mostrar cierta suficiencia, a menudo das todo lo que tienes por las causas que defiendes.

Todo de una vez

Ahora que sabes cómo calcular todos los números del perfil numerológico, puedes ver cómo se hace en un caso concreto. Esto puede ayudarte a crear tu propio perfil o el de tus amigos y familiares.

Digamos que vamos a averiguar cuál es el perfil numerológico de alguien llamado Avery Harris, que nació el 27 de octubre de 1998.

Avery Harris 27/10/1998

Primero, calculamos el número del alma sumando todas las vocales:

AVERY HARRIS

$1 + 5 + 1 + 9 = 16$

$1 + 6 = 7$

El **número del alma** de esta persona **es el 7.**

A continuación, calculamos su número de la personalidad. Para ello, sumamos todas las consonantes:

AVERY HARRIS

$4 + 9 + 7 + 8 + 9 + 9 + 1 = 47$

$4 + 7 = 11$

$1 + 1 = 2$

El **número de la personalidad** de Avery **es el 2.**

A continuación, nos ocupamos del número del destino, que obtenemos sumando los números del alma y de la personalidad:

$7 + 2 = 9$

El **número del destino** de Avery **es el 9.**

Una vez averiguados los números vinculados con el nombre, pasemos a los números de nacimiento, empezando por el del cumpleaños. Avery nació un día veintisiete:

$2 + 7 = 9$

El **número del cumpleaños** de Avery **es el 9.**

El número más importante es el del camino de la vida. Para calcular el de Avery hacemos como sigue:

27/10/1998
2 + 7 + 1 + 0 + 1 + 9 + 9 + 8 = 37
3 + 7 = 10
1 + 0 = 1

El **número del camino de la vida** de Avery **es el 1.**

Por último, tenemos el número de la actitud:

27/10
2 + 7 + 1 + 0 = 10
1 + 0 = 1

Observa que el número de la actitud está separado de los demás por una barra oblicua. Esto se debe a que representa nuestra actitud hacia el mundo exterior. Por lo tanto, se trata de un elemento que se sitúa fuera del perfil.

El **número de la actitud** de Avery también **es el 1.**

Cuando juntamos todos esos números, generamos el número del perfil numerológico:

Avery Harris 27/10/1998

Perfil numerológico: 72991/1

¡Ahí lo tienes! Todo tu perfil numerológico en solo seis sencillos pasos. Ahora que tienes este conocimiento acerca de los números que influyen en tu vida, puedes utilizar la numerología para cuidar de ti mismo.

4.
Numerología para cuidar de uno mismo

Conocer nuestro perfil numerológico, especialmente el número del camino de la vida, nos ayuda a comprender quiénes somos y cómo podemos cuidarnos mejor. Cada persona maneja las emociones de forma diferente, pero todas requieren cuidados. Si aprendes las mejores formas de hacerlo, gestionarás las emociones y evitarás perderte en tus luchas. Cuidar de ti mismo es la manera de alcanzar tu destino.

En este capítulo hablaremos de las dificultades a las que puedes enfrentarte según tu número del camino de la vida, así como de las formas en que puedes cuidarte mejor.

Así que empecemos.

Cuidar de uno mismo según el número del camino de la vida

Tu número del camino de la vida responde a las siguientes definiciones. No dudes en leer sobre los demás números de tu perfil, especialmente si tienes números que se repiten, ya que esta circunstancia tiene una gran influencia en tu vida.

1 Este es un número muy relacionado con la competitividad, pero ten presente que, si este es tu caso, el único oponente al que realmente tienes que enfrentarte es a ti mismo. Aunque quienes responden a él parecen seguros de sí mismos, a menudo se sienten inseguros, sobre todo cuando no reciben los elogios que desean. Pueden ser muy duros consigo mismos y convertirse en sus peores enemigos. Estas personas necesitan aprender a ser más amables consigo mismas y encontrar una solución a su determinación competitiva para no enfadarse.

Actividades de autocuidado

Baile, yoga, deportes de competición, ejercicio, masajes terapéuticos, visualizaciones guiadas, afirmaciones positivas.

Afirmaciones positivas

«Todo lo que necesito para triunfar está dentro de mí», «Lo que me está destinado no puede faltarme», «Soy digno de lo que deseo».

2 Al ser uno de los números más intuitivos de la numerología, la empatía puede ser tanto la mayor bendición como el mayor problema para los individuos que tienen el 2 como número del camino de la vida. Esta sensibilidad les hace vivir emociones extremas en su vida, lo que puede llevarlos a alegrarse en un determinado momento y llorar al siguiente. Ser empático puede ser agotador, ya que se perciben los sentimientos de todo el mundo. A menudo estas personas sacrifican sus sentimientos para hacer feliz a todo el mundo, a menudo a su costa. Esta sensibilidad puede provocarles resentimiento y ansiedad. Por tanto, se deben desarrollar límites emocionales sanos para protegerse.

Actividades de autocuidado

Música, tarot, llevar un diario, fotografía, pintura, punto, natación, meditación.

Afirmaciones positivas

«Mis sentimientos son tan válidos como los de los demás», «No es mi obligación gestionar las emociones de todo el mundo», «Elijo nutrirme a mí mismo».

3 Como los animadores optimistas que son, estas personas siempre están «en marcha», haciendo bromas, contando una historia, disfrazándose, montando una actuación. Llevan una máscara ante el mundo para ocultar su dolor y heridas: sienten el rechazo hasta la médula y a menudo no lo superan durante mucho tiempo. Les gusta ser el centro de atención, pero, en cuanto se les deja de aplaudir, su inseguridad sale a la luz. Su gran sensibilidad hace que puedan sentirlo todo hasta el extremo. Necesitan conectar, comprender y responsabilizarse de estas emociones en lugar de esconderlas.

Actividades de autocuidado
Escribir, pintar, colorear, tocar un instrumento, organizar su espacio de trabajo, crear listas de tareas pendientes, pasar tiempo a solas.

Afirmaciones positivas
«Utilizo mis poderes creativos para mantenerme centrado y enfocado», «Elevo e inspiro a la gente con mis palabras», «Estoy creando una vida que me da alegría».

 La trayectoria vital de estos individuos gira en torno a la necesidad de sentirse seguros y protegidos. Sin embargo, esto puede hacerles parecer rígidos e incapaces de asumir riesgos o vulnerables. Pueden ser algo pesimistas, darse cuenta de los defectos del mundo y prever lo peor. Necesitan aprender a superar los límites que su mentalidad negativa les ha impuesto y vivir una vida más rica, empezando por sanar las relaciones problemáticas que puedan tener. Una vez superado ese dolor, pueden seguir adelante.

Actividades de autocuidado
Ir a clases (sobre todo de baile o cocina), hacer un puzle, meditar, viajar, construir algo, leer.

Afirmaciones positivas
«Estoy abierto a nuevas experiencias», «Estoy seguro y a salvo», «Estoy creciendo a mi propio ritmo».

5 Estas personas aman la vida, pero pueden aburrirse con facilidad. Si bien este enfoque hace que su existencia sea muy emocionante, también puede conducir a una búsqueda constante de sensaciones. Si no las encuentran ni se mantienen centrados, pueden volverse autodestructivos. Enérgicos y audaces, pueden acabar agotados por no parar ni un momento y asumir demasiado a la vez. La vida es una aventura, pero ¡no hay por qué precipitarse! Estos individuos tienen que aprender a apreciar la alegría que les da la vida. Han de estar presentes.

Actividades de autocuidado

Viajar, visitar a amigos, leer, ver películas, recibir masajes, vivir nuevas experiencias.

Afirmaciones positivas

«Estoy aquí, en este momento, y lo disfruto», «Tengo una vida de la que no necesito escapar», «Cada elección es una oportunidad para ser mi mejor yo».

6 Estas personas tienen un gran corazón, pero a veces puede ser demasiado grande y les cuesta poner límites. Acogen fácilmente en su casa a personas con problemas y las cuidan hasta que se recuperan. Sin embargo, cuando acogen al tipo de persona equivocado, pueden verse fácilmente expuestos a manipulación y traición. Por otro lado, se meten fácilmente en la vida de los demás sin que nadie se lo pida. Al querer sentirse útiles, a menudo toman el control, lo que puede generar resentimiento en las personas implicadas. Necesitan cuidarse más a sí mismos.

Actividades de autocuidado

Preparar una buena comida, decorar, actividades artísticas, charlar con un amigo, ver películas, organizar una cena familiar.

Afirmaciones positivas

«Estoy abierto a soluciones creativas», «Acepto que cada uno tiene que vivir su propia vida», «Me siento muy querido».

7 Este es el número más serio de la numerología. El profundo sentimiento de privacidad de estas personas hace que sea difícil conocerlas. Aunque esta actitud un tanto reservada puede ayudarles a prosperar en ciertas situaciones, a menudo tienen dificultades con las relaciones sociales más cercanas y pueden optar por aislarse ante el miedo al rechazo. En lugar de conectar, se quedan atrapados en su propio mundo interior, dándole vueltas a todo

hasta llegar a sufrir ansiedad. Sin embargo, estos individuos pueden encontrar paz, consuelo y comunidad en la espiritualidad.

Actividades de autocuidado

Investigar sobre algo, salir a la naturaleza, astrología, tarot, baños calientes, lectura, viajar, meditación, escribir mensajes de gratitud en un diario.

Afirmaciones positivas

«Tengo fe en que las cosas saldrán bien», «Estoy conectado con mi camino espiritual», «Conozco mi propia verdad».

8 La vida de estas personas puede ser una montaña rusa. En un momento están en la cima del mundo y al siguiente se hunden. Como individuos que buscan el poder y el éxito a toda costa, los momentos bajos de la vida pueden hacerse especialmente duros. Propensos a los accidentes y de temperamento irascible, a menudo se abren paso a toda velocidad por la vida y resultan heridos en el proceso. Deben aprender que no se puede controlar todo. También, que, a pesar de todo su poder y su buena ética de trabajo, no pueden conseguir todo lo que quieren en el momento en que lo desean. Saber esto puede evitarles altibajos drásticos.

Actividades de autocuidado

Ejercicios de respiración, hacer números para ajustar el bolsillo, tomarse descansos regulares, pintar, coser, escribir, bañarse, hacer estiramientos.

Afirmaciones positivas

«Tengo todos los recursos que necesito», «Soy una fuerza poderosa. La gente me respeta», «Cuanto más tengo, más puedo compartir».

9 Como los más sensibles a las causas ajenas, las personas que responden a este número son expertas en cuidar de los demás y estar al servicio de sus seres queridos, o incluso de desconocidos. Sin embargo, como dan la impresión de ser individuos seguros e imperturbables, nadie se da cuenta cuando necesitan ayuda. Aunque todo el mundo supone que están bien, en realidad podrían estar sufriendo sin saber cómo pedir ayuda. No es fácil saber qué se les pasa por la cabeza. Deben expresar lo que necesitan y estar dispuestos a pedirlo, aunque no quieran hacerlo.

Actividades de autocuidado

Conversaciones significativas, meditación, yoga, escribir relatos de ficción, pintura en acuarela, voluntariado, diarios, senderismo.

Afirmaciones positivas

«Merezco tener todas mis necesidades cubiertas», «Dejo ir el pasado y abrazo mi presente», «Confío en que mi camino me lleve hacia mi mayor bien».

11 Al ser un número maestro, las personas que responden a él se enfrentarán a más retos y obstáculos a lo largo de su vida que la mayoría. Por ello, es vital que cuiden de sí mismas. Estos individuos son profundamente sensibles en todos los ámbitos de la vida, especialmente cuando se trata de las críticas. Su lección de vida es aceptarlas y aprender de ellas, pero el daño que causan las palabras puede dejar profundas cicatrices. Necesitan tener presente su propia verdad, no la de los demás.

Actividades de autocuidado

Leer el tarot, bailar, el arte, escribir, pasar tiempo con animales, dormir bajo una manta pesada.

Afirmaciones positivas

«Honro mis sentimientos, pero no dejo que me controlen», «Soy receptivo a los mensajes que el universo tiene que ofrecerme», «Las opiniones de los demás sobre mí no me conciernen».

22 Este es otro número maestro. Estas personas descubrirán que convertir un sueño en una realidad tangible supondrá mayores obstáculos y más bloqueos de lo habitual. La vida tiende a traerles una gran cantidad de problemas que resolver. Aunque cada problema supone una importante lección de vida, también puede provocar nerviosismo y ansiedad. Tendrán que armarse de paciencia y aprender a ser perseverantes y creativos para conseguir todo lo que desean en la vida.

Actividades de autocuidado
Hacer *collages*, trabajos con madera, correr, ejercicios respiratorios.

Afirmaciones positivas
«Libero los miedos que no me sirven», «Me esfuerzo por la satisfacción, no por la perfección», «Merezco las oportunidades y todo lo que recibo».

 Las personas que tienen este número maestro se enfrentan a retos únicos, sobre todo a la hora de asumir responsabilidades. En sus años de juventud, estos individuos evitan las situaciones de responsabilidad siempre que sea posible, centrándose más en divertirse. Sin embargo, no pueden eludirlas todo el tiempo y a menudo les llegan de forma dramática, lo que les altera la vida. Crecer se convierte así en una especie de ritual de extremos; al intentar mantener la cabeza fuera del agua, estas personas pueden tener dificultades para atender sus propias necesidades emocionales. Deben hacer malabarismos para no dañar a su niño interior y, al mismo tiempo, intentar convertirse en adultos.

Actividades de autocuidado
Decorar interiores, actuar ante una multitud, colorear, socializar con amigos, escribir en una agenda, dejarse mimar.

Afirmaciones positivas
«Me curo cada día», «Primero me responsabilizo de mí mismo», «Soy optimista porque hoy es un nuevo día».

Cristales para cada número del camino de la vida

La sanación con cristales puede ser una forma maravillosa de curarse, recargar las pilas y aportar equilibrio a la vida. El tipo de cristal habrá de variar en función del número del camino de la vida. Con tantas opciones diferentes, cada cristal se adapta a una necesidad específica, ya sea para encontrar confianza o para desestresar.

Existen numerosas formas de utilizar los cristales, desde llevarlos como joyas, sostenerlos mientras meditas o tenerlos en casa hasta llevarlos en contacto con la piel para obtener los poderes curativos que proporcionan. Prueba y descubre qué métodos te funcionan mejor a ti, en función de tus necesidades de autocuidado.

A continuación tienes algunas recomendaciones de cristales basadas en las necesidades específicas de cada persona en función de su número del camino de la vida.

1 Como líderes independientes, estas persona necesitan recordar que siempre son merecedoras de una victoria, tener presente en todo momento lo que les apasiona y saber cuándo mantener la calma y ser un jugador de equipo. Los cristales más indicados son los siguientes:

CITRINO. El citrino saca lo mejor de estas personas: confianza, individualidad y resistencia. También puede aportar vitalidad, ayudar a alcanzar objetivos y ofrecer nuevas perspectivas.

RUBÍ. El rubí es una poderosa piedra de conexión a tierra que aporta valor y fuerza. Fomenta las cualidades de liderazgo reforzando la decisión, la motivación y el estado de alerta.

PIEDRA SOLAR. Conocida como la piedra del liderazgo, da el poder de cambiar nuestra vida y abrir el corazón para ayudar a los demás. La piedra solar calma nuestras preocupaciones y miedos aportando vibraciones optimistas e insistiendo en que todo saldrá bien.

2 y 11
Como números empáticos, quienes responden a ellos sienten todo con intensidad, por lo que necesitan un cristal que equilibre sus emociones y los llene de positividad y luz cuando se sientan agotados. Los cristales más indicados para estas personas son estos:

AVENTURINA. Es una piedra ideal para limpiar el aura y aporta una vibración calmante a quien la lleva. Ayuda a relajar la mente y proporciona la fuerza interior y la estabilidad que necesitan estas personas.

PIEDRA LUNAR. Al igual que los números 2 y 11, la piedra lunar es un armonizador natural que equilibra la mente, el cuerpo y el espíritu en un flujo constante y pacífico. También puede potenciar nuestra intuición natural, especialmente si se coloca debajo de la almohada antes de ir a dormir. Las piedras lunares nos animan a ser amables y a estar dispuestos a recibir la energía positiva de la vida.

CUARZO ROSA. Es perfecta para estas personas, pues se trata de la piedra del amor universal. El cuarzo rosa aporta sentimientos de amor propio, cura las heridas emocionales y protege de las influencias negativas.

3 Estas personas están llenas de emoción, son encantadoras y siempre tienen una sonrisa que regalar y un chiste que contar. Sin embargo, les vendría bien un cristal que les ayudara a centrar su atención en terminar los proyectos y a mantener sus emociones bajo control. Los cristales más indicados son estos:

TOPACIO AZUL. Como piedra de la felicidad, el topacio azul puede ayudar a identificar los objetivos y a encontrar la plenitud. Tiene el poder de desterrar cualquier vibración o sentimiento negativo y favorece la autosanación.

MALAQUITA. Conocida como la piedra de la transformación, la malaquita ayuda a sacar a la superficie los deseos más profundos y permite ser más conscientes de lo que uno quiere. También ayuda a tomar decisiones y a curar el dolor emocional.

SODALITA. Estas personas a menudo pueden quedar atrapadas en sus propios mitos e historias. La sodalita puede ayudarles a calmar la mente y fomentar el pensamiento racional y a decir la verdad. También, a conectar con su lado espiritual.

4 y 22 Estas personas siempre están ocupadas planificando. Sin embargo, pueden perderse la emoción de la vida. Les vendría bien una piedra que los animara a divertirse un poco más y a ser más flexibles.

Los mejores cristales para estas personas son estos:

AGUAMARINA. Es la piedra de la paz y la claridad, la gema de la limpieza perfecta que hace que quienes tienen el 4 como número del camino de la vida se sientan tranquilos y estables. Ayuda a poner fin a viejos ciclos y empezar nuevos proyectos.

GRANATE. Este cristal de color rojo ayuda a despertar la pasión y proporciona a estas personas la valentía y audacia que necesitan para alcanzar sus sueños. El granate ofrece un impulso de confianza en uno mismo y protección para asumir riesgos calculados.

LABRADORITA. Es la piedra adecuada para los que trabajan en exceso, pues ayuda a devolver la energía al cuerpo a la vez que cura el espíritu. Como una de las piedras de protección más poderosas, la labradorita actúa como escudo ante la energía negativa y proporciona fuerza.

 Atrevidos, aventureros y amantes de la libertad, quienes responden a este número viven constantemente la vida al máximo. Sin embargo, la búsqueda incesante de estímulos puede dejarlos agotados, sobre todo si no se toman tiempo para descansar. Han de recordar que deben cuidar de sí mismos y no agotarse tratando de mantener la fiesta en marcha. Los cristales más adecuados para ellos son estos:

ESMERALDA. Conocida como el cristal de la inspiración divina, la esmeralda ayuda a generar ideas y opiniones únicas. También proporciona la sabiduría y la paciencia necesarias para hacer realidad esas ideas. Puede curar el dolor emocional, sustituyéndolo por paz y amor.

ÁGATA MUSGO VERDE. El ágata musgo verde proporciona la estabilidad que estas personas necesitan desesperadamente. Ofrece asimismo un equilibrio de libertad espiritual y responsabilidad personal que ayuda a alcanzar la felicidad.

OJO DE TIGRE. Es la piedra de la buena fortuna. Aporta seguridad, confianza y coraje, y motiva para alcanzar las metas y deseos.

6 y 33 Como números «cuidadores», quienes responden a cualquiera de estos dos han de recordar que deben cuidarse a sí mismos antes de ocuparse de los demás. Necesitarán cristales que protejan su gran corazón, les ayuden a expresar lo que sienten y eviten que se expongan a peligros. Algunos cristales adecuados en este caso son los que siguen:

ÁMBAR. Es una poderosa piedra curativa. El ámbar puede ayudar a acabar con la energía negativa que estas personas tienden a absorber de los demás, permitiendo que su cuerpo, mente y espíritu se curen. El ámbar puede potenciar la fuerza, el éxito, la alegría y la paciencia.

MORGANITA. Se trata de una piedra que cura los corazones rotos y proporciona el coraje para amarnos a nosotros mismos de la misma manera que amamos a los demás. La morganita aporta relajación y energía calmante y elimina las presiones que nos imponemos a nosotros mismos.

UNAKITA. Es un cristal regenerador que ayuda a sanar las relaciones familiares y estabiliza nuestra energía personal. También puede hacer que mostremos más asertividad sobre lo que necesitamos en la vida.

7 Más que nada, estas personas necesitan ayuda para abrazar su lado espiritual. Por naturaleza, los escépticos tienen dificultades para confiar en cualquier cosa que no puedan ver o probar con la lógica racional. Necesitan cristales que les ayuden a aumentar su intuición, les aporten energía a su espíritu y les asistan en el camino hacia la iluminación. Algunos de los cristales más indicados se exponen a continuación:

AMATISTA. Es un tranquilizante natural. Ayuda a curar las tensiones que sienten estas personas, especialmente cuando piensan demasiado. Este cristal espiritual proporciona sabiduría e intuición y ayuda en la adivinación. También puede ofrecer protección emocional y mental.

LAPISLÁZULI. Conocida como la piedra de la iluminación, ayuda a abrir la mente y fortalece nuestra capacidad intelectual.

CALCITA NARANJA. Para aquellas personas con tendencia al escepticismo, la calcita naranja aporta un extra de positividad y confianza en la vida. También puede ayudar a mejorar la memoria y a organizar la vida con determinación.

8 Estas personas suelen ser poderosas y tienen autoridad. A veces se ven tan envueltas en su búsqueda de influencia, dinero y fama que el proceso puede ser su perdición.

Necesitan cristales que los mantengan equilibrados y les ayuden a recordar lo que es importante en la vida. Estas personas también pueden beneficiarse de un cristal protector. Algunos de los más indicados son estos:

TURMALINA NEGRA. Es uno de los cristales protectores más fuertes. Protege contra la deslealtad, los enemigos ocultos y la negatividad. Asimismo, puede potenciar la perseverancia para atraer la abundancia a la vida.

RODONITA. Para los individuos que se muestran fríos e implacables, la rodonita puede ayudar a abrir el corazón y a atajar incluso los peores conflictos. Tiene un efecto relajante que puede ayudar a calmar el alma.

ZAFIRO. Considerada la piedra de la sabiduría, el zafiro puede favorecer la concentración, dar fin a pensamientos no deseados y llevar a una mente creativa a encontrar soluciones únicas. También puede hacer que nos alejemos del materialismo y nos permite encontrar la abundancia en nuestro interior.

9 Las personas con un 9 como número del camino de la vida pueden conseguir todo lo que se propongan, aunque a veces actúen como sus peores enemigos. Necesitan cristales que eviten el autosabotaje y aumenten la confianza en sí mismos. También, cristales que les ayuden a expresar sus emociones de forma constructiva. Algunos cristales indicados para estas personas son estos:

JASPE. Es la «madre de todos los cristales». Ayuda a quienes piensan demasiado y les aporta valor, comprensión y un impulso de sabiduría. Llevar jaspe ayuda a guiar nuestras intenciones si queremos hacer un buen trabajo.

PERIDOTO. Esta es la piedra de la compasión, la que trae salud, paz y un poco de suerte a la vida. También equilibra las emociones y la mente, especialmente si nos enfrentamos a sentimientos de culpa y dolor. El peridoto fomenta la creatividad y la sociabilidad.

CUARZO AHUMADO. Se trata de un cristal que alivia el estrés, aporta calma emocional y promueve pensamientos y acciones positivas. También ayuda a aumentar la conciencia espiritual sobre el uso de nuestros dones para el bien supremo.

5.
Numerología
para la adivinación

Al igual que la astrología, el tarot y la lectura de las hojas del té, la numerología puede utilizarse para la adivinación y la autorreflexión. Los números suelen enviarnos mensajes ocultos del universo, guiándonos en la dirección correcta, y pueden ayudarnos a predecir el futuro.

A lo largo de este capítulo, examinaremos cómo ver el futuro mediante la numerología, ya sea para explicar por qué has estado viendo el número 2 en todas partes o qué te depara el nuevo año. También veremos cómo afecta a otras formas de adivinación, como el tarot.

Así que toma una calculadora y una bola de cristal, y ¡a ver qué nos depara el futuro!

El futuro depende
de lo que hagamos
en el presente.

MAHATMA GANDHI

Números del ángel

¿Has visto alguna vez un número que se repite varias veces durante un periodo de tiempo determinado? Esos son los números del ángel —o angélicos— y pueden tener un significado espiritual en tu vida. Puede que se te presente a lo largo de tu vida diaria o a través de tus otras prácticas adivinatorias, como el tarot, la lectura de las hojas del té o la bola de cristal.

Por ejemplo, puede que vayas de compras y te des cuenta de que te dan un ticket con una cantidad de 33,33 euros, luego vayas a trabajar y recibas una llamada importante a las 15.33. Entonces acudes al tarot y te sale el 3 de bastos, o tal vez encuentres tres llamadas perdidas en el teléfono. El número 3 te está siguiendo.

Tanto si crees que estos mensajes proceden de tus ángeles de la guarda, de tu espíritu guía, del universo o simplemente de tu subconsciente, los números que se repiten no son una coincidencia. Aparecen por una razón específica.

Definiciones de los números del ángel

Entonces, ¿qué está tratando de decirte el universo? Echemos un vistazo a los significados de los números del ángel.

★ 111 ★

Es hora de ponerse manos a la obra. Ver una secuencia de unos representa el comienzo de un nuevo capítulo en la vida. Ahora es el momento perfecto para darle forma a la vida que quieres y hacer realidad tus deseos. El universo te está diciendo que mantengas los ojos bien abiertos en busca de oportunidades y te asegura que está bien correr algunos riesgos calculados. Es el momento ideal para iniciar nuevos proyectos, nuevas relaciones o simplemente darle a tu vida un cambio a mejor.

★ 222 ★

El amor te rodea cuando ves una secuencia de doses. Tanto si acabas de empezar a salir con alguien como si has iniciado una relación o incluso has empezado a colaborar en un proyecto, verlos significa que el universo está dando su apoyo a tus nuevos proyectos. Sin embargo, si sigues trabajando en solitario, te dice que te asocies con alguien; esto es, vas en la dirección correcta, pero no lo hagas solo.

★ 333 ★

El tres es uno de los mejores números y verlo repetido es una señal positiva del universo de que tus plegarias serán escuchadas o tu deseo pronto cobrará vida.

Es un momento ideal para confiar en tu instinto e ir tras lo que quieres, desde solicitar el trabajo de tus sueños hasta mudarte a otra ciudad. Verás que las oportunidades llegan con facilidad y que tus necesidades se ven satisfechas. No lo pienses demasiado. Esta tríada es una guía espiritual mostrándote que te cubre las espaldas.

★444★

Esta secuencia aparece en tu vida cuando estás atravesando una mala racha: puede que estés lidiando con una ruptura difícil, hayas recibido malas noticias o simplemente estés atravesando un periodo de soledad, depresión o ansiedad. Todo puede parecer sin solución, pero este número te recuerda que tus guías espirituales están cerca, protegiéndote. No cejes en tu empeño, pues las cosas no irán mal durante mucho más tiempo.

★555★

Sucederán algunos cambios importantes en tu vida cuando veas esta secuencia de números. Si las cosas parecen en calma, prepárate, ya que pronto se producirán grandes sacudidas. Este es un signo de una gran transformación que afectará a muchos aspectos vitales. A pesar de la intensidad del periodo que vivirás, el 5 te asegura que nada irá a peor. Esta reestructuración de tu vida ocurre por tu bien, así que acepta el caos que implica.

★666★

No te asustes. Ver tres veces seguidas este número no es, ni mucho menos, la señal del diablo. Más bien es un indicio de que tu vida se ha desviado considerablemente. El universo te está diciendo que vuelvas a lo básico y te deshagas de lo accesorio. Te ayudará a poner los pies en la tierra y dejar de pensar o trabajar en exceso. Deja ir lo que no te sirve y sigue adelante.

★777★

Aunque verlo en una máquina tragaperras o en un rasca y gana supone un buen golpe de suerte, en la vida real es una llamada a que intensifiques tu lado espiritual (y dejes el juego). Se trata de una señal que te está diciendo que te centres en tu viaje espiritual, sobre todo si has perdido el rumbo recientemente. Este cambio de enfoque puede producirse mediante la oración, la meditación, el lanzamiento de hechizos, acercándote a la naturaleza o ayudando a los demás: cualquier cosa que te ayude a ponerte en el camino hacia la iluminación.

★888★

Una secuencia de tres ochos simboliza la llegada de un periodo de abundancia. Si los ves mientras trabajas o manejas dinero, puede representar una ganancia inesperada o la llegada de más clientes y oportunidades de trabajo. Si ocurre mientras sales con alguien o con tu pareja, implica que hay más amor en camino. Sea como sea, recíbelo con los brazos abiertos.

★999★

El número 9 es el de la culminación, así que cuando veas una secuencia de tres nueves el universo te está diciendo que un capítulo de tu vida está llegando a su fin. Tanto si acabas de terminar un trabajo como si te has graduado en la universidad o has puesto fin a una relación importante, ha llegado el momento de cerrar la etapa. Sin embargo, esto no siempre es algo triste; cuando un ciclo termina, pronto empieza otro. Pero tendrás que dejar pasar esta fase y confiar en el proceso, aunque sea duro.

Números del ángel menos conocidos

Los números del ángel no siempre son secuencias de números repetidos. Hay otras combinaciones que acompañan los secretos del universo. Aquí tienes algunos a los que debes prestar atención:

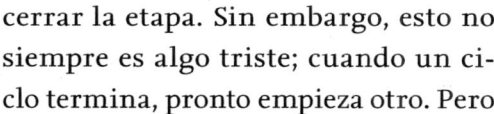

Estás a punto de cambiar de opinión sobre un asunto importante.

★ 72 ★

Va a ocurrir
un milagro.

★ 123 ★

Tus esfuerzos pronto
darán sus frutos.

Tu vida es como
un viaje hecho relato.
Estás viviendo
un capítulo
mientras avanzas
hacia el futuro.

ANÓNIMO

Número del año personal

La vida fluye a través de una serie de ciclos, ya sean los de las estaciones o el de la vida. La numerología también se basa en ciclos, desde el 1, el número de la creación y los comienzos, hasta el 9, el de la culminación. Vivimos constantemente las nueve fases, que en conjunto marcan un capítulo de nuestra vida. Esto se conoce como el número del año personal.

Nuestro número del año personal indica en qué etapa nos encontramos, nos informa de la energía que el año en concreto tendrá para nosotros y del tema de nuestro año. Al conocerlo, no solo podemos anticipar qué retos, acontecimientos y oportunidades nos depara el año, sino que también podemos tomar decisiones importantes. Sabiendo lo que nos espera, podemos seleccionar lo que mejor se adapte a nuestra vida.

Calcular el número de año personal es sencillo. Solo tienes que sumar tu número de actitud (mes de nacimiento + día de nacimiento) al año que se trate. Por ejemplo, si quieres saber tu número de año personal para 2022 y tu número de actitud es el 4, esto es lo que debes hacer:

$$4 + 2 + 0 + 2 + 2 = 10$$
$$1 + 0 = 1$$

En este caso, el número de año personal es el 1.

Calcúlalo para comprender mejor la fase vital en que te encuentras y lo que te depara el año.

Nota: Si el número de tu año personal es el mismo que el del camino de la vida, sentirás la vibración del año con mayor intensidad. Será una época de inmenso éxito en la que conseguirás todo aquello por lo que has estado trabajando, pero pueden surgir una serie de retos, dependiendo del tema de ese año.

Número de año personal
1

Es un año de nuevos y emocionantes comienzos, un nuevo ciclo en el que puedes sentir esa energía en todo lo que haces. No te preocupes por el pasado. Ese capítulo de tu vida ha terminado, así que borrón y cuenta nueva.

Todo lo que hagas este año influirá en los próximos nueve años de tu vida. Resulta intimidante, sí, pero este año te da la energía y la confianza necesarias para asumir el reto. Es el año de plantar semillas. Incluso las pequeñas acciones

en las que no reparas ahora tendrán un gran efecto más adelante, así que asegúrate de hacer todo con un propósito. Las oportunidades están en todas partes; por lo tanto, aprovéchalas.

La parte negativa es que no es un buen momento para iniciar una nueva relación, ya que estarás más centrado en ti mismo. Si estás soltero, trata de construir una relación fuerte contigo mismo e incluso cambia de imagen si quieres. Te estás valiendo por ti mismo y te estás independizando. Acéptalo.

Número de año personal
2

La vida empieza a calmarse en los segundos años. Después de doce meses de acción e independencia, nuestra vida empieza a asentarse y empezamos a echar raíces y a buscar un poco más de paz. Es un año en el que no tenemos que hacerlo todo solos.

Es un buen momento para las relaciones de todo tipo: amistades, relaciones románticas, asociaciones creativas y empresariales, o incluso simplemente para trabajar en grupo. No tendrás muchas ganas de estar solo y aprenderás muchas lecciones sobre paciencia, cooperación y cómo ser un buen compañero de equipo. Afortunadamente, este año será fácil llevarse bien con la gente.

Ahora bien, este año es fácil que te vuelvas codependiente de otra persona, por eso es importante tratar de mantener el equilibrio. Asegúrate de que hay concesiones mutuas en tus relaciones más importantes y recuerda dedicar mucho tiempo a cuidar de ti mismo.

Número de año personal

Prepárate para divertirte porque este es el año del éxito creativo. Fluirás con energía creativa, concebirás nuevas ideas brillantes y tendrás esperanza en el futuro. Es tiempo de optimismo, sueños y mucha diversión.

Este año ampliarás tu círculo social y conocerás a gente de todo tipo. Escucharás nuevas ideas, debatirás temas apasionantes, cambiarás de opinión y compartirás tus sueños. Es el momento ideal para trabajar en un empleo creativo, seguir formándote o incluso dejarte asesorar por todas las personas que pueden ayudarte a triunfar.

No mantengas relaciones que no desees de verdad, sobre todo si son románticas. Enamorarse es fácil, pero es complicado comprometerse con algo, ya sea una persona, una idea o una ocupación. Necesitas libertad para hacer lo que quieras. Es muy importante no limitarse.

Número de año personal
4

Has pasado el último año formándote ideas y opiniones y explorando opciones. Ahora es el momento de elegir algo y ceñirte a ello. Estás construyendo los cimientos de tu vida, así que arremángate y ponte manos a la obra.

Lo más importante este año es que te sientas seguro. Esto podría significar decidir el siguiente paso en tu formación, encontrar un trabajo estable o quizás sentar la cabeza con alguien. Es un momento de toma de decisiones importantes, así que haz que cuenten.

Crearás planes para los próximos años, así que concentra tu energía en un determinado proyecto, relación, trabajo o sueño. Lo esencial es tomar la dirección adecuada.

Sin embargo, también puede ser un año de estancamiento, sobre todo para quienes temen tomar decisiones. Es fácil caer en la rutina o estar tan ocupado trabajando y planificando que te pierdas toda la diversión. Acuérdate de tomarte tiempo para disfrutar de la vida.

Número de año personal
5

Después de haber pasado todo el año pasado haciendo planes, el universo te hará saber cuáles merece la pena mantener; en algunos casos tendrás que introducir determinados cambios. Es un año de rupturas inesperadas, pérdida de trabajo o mudanzas importantes, y tendrás muy presente que el cambio es lo único seguro.

Así que no pierdas el tiempo lamentándote por lo que «podría haber sido». No era para ti, así que sigue adelante. Disfruta de tu nueva libertad. Es un año de aventuras y emociones, el momento ideal para explorar nuevas oportunidades, encontrar nuevas pasiones y permitirte crecer. Mantén la mente abierta y puede que descubras a la persona que estás destinado a ser.

Sin embargo, puede que te despreocupes en exceso. Si estos cambios son demasiado para ti, es posible que desarrolles algunos malos hábitos a la hora de afrontarlos. Es fácil ser imprudente e irresponsable, así que busca formas de mantener los pies en la tierra y encontrar mecanismos sanos para encarar lo que se te presente.

Número de año personal
6

Vuelve la armonía y la tranquilidad. Después de tomarte un tiempo para explorar nuevos caminos y sopesar distintas opiniones, tendrás que tomar decisiones y asumir responsabilidades.

El hogar y la familia cobrarán mayor importancia. Puede que empieces a pensar en iniciar una relación seria o en pasar más tiempo con tu familia. O quizás cosas como el matrimonio, los hijos o la adquisición de una vivienda se conviertan en tu prioridad. Es posible que este año tengas que ocuparte de tus familiares o del hogar.

Sea cual sea el caso, asumirás muchas responsabilidades nuevas. Esto puede hacer que te sientas útil e importante, pero también abrumado. Será un periodo alegre y estresante a la vez, así que no olvides cuidar también de ti mismo, ya que puede que acabes ignorando tu salud. Si la sacrificas ahora, puede que acabes sufriendo más adelante.

Número de año personal
7

Tras una temporada dedicado a cuidar de los demás, vuelve un año de introspección y examen de conciencia. También de crecimiento personal, ya que te expondrás a grandes verdades que podrían afectar a tus relaciones, a tu trabajo e incluso a lo que piensas de ti mismo. Este año necesitarás recurrir más que nunca a tu fe, aunque solo sea fe en ti mismo.

Los cambios pueden manifestarse de diversas maneras. Algunas personas vuelven a formarse. Otras viajan solas, visitan nuevos lugares o se van de retiro. Algunos se adentran en la religión y la espiritualidad e incluso empiezan con prácticas como el tarot, la astrología o la numerología (puede que estés leyendo este libro en un año 7). Tendrás una mayor intuición este año, e incluso puede que tengas destellos psíquicos. Confía en ellos.

Sin embargo, también puede ser un año muy solitario, ya que no querrás pasar tiempo con mucha gente. Las relaciones pueden terminar o volverse muy tensas. Es importante pasar tiempo en la naturaleza para sanar y restaurar la fe.

Número de año personal
8

Tras un año de introspección, estás listo para dar un paso hacia tu poder personal. El año pasado eras un estudiante; ahora eres un experto. Se trata de un retorno kármico: todo lo que has estado haciendo los últimos ocho años será recompensado, para bien o para mal.

Es un año de recompensas en todas sus formas. Puede que recibas una recompensa económica en forma de aumento de sueldo, una herencia, recuperación de una inversión, un coche nuevo o una casa nueva. O en forma de poder: un ascenso, convertirte en una persona influyente o ser considerado el mejor en lo que haces. Tal vez simplemente recibas un montón de elogios. Utiliza las recompensas con prudencia: este poder puede ser tanto una bendición como una prueba.

Sin embargo, si has tomado malas decisiones en los últimos años, ahora pagarás por ellas. Te expondrás a castigos, las ganancias se convertirán en pérdidas y puede que pierdas cosas que eran importantes para ti porque no te las ganaste. El universo se está equilibrando.

Número de año personal
9

Es el final de una era. Este es el último año de tu ciclo y el final de un viaje importante en tu vida. Puede ser un periodo agridulce, sobre todo si no estás preparado para decir adiós a esta fase.

Es un año para atar cabos sueltos y prepararse para empezar el siguiente capítulo, incluso si no eres consciente de ello. Suele ser una época de graduaciones e hitos, el momento de sentirse más maduro que hace nueve años. Puede que este año te sientas más compasivo, estés haciendo trabajo voluntario, pasando tiempo con tus seres queridos o simplemente reflexionando sobre dónde has estado y adónde quieres ir.

Pensarás mucho, pero quizás te abstengas de empezar nada nuevo, especialmente relaciones o negocios. En su lugar, céntrate en la sabiduría que has adquirido y piensa en tu próxima gran aventura. Un ciclo se acaba, pero uno nuevo está a la vuelta de la esquina.

Tarot y numerología

El tarot y la numerología a menudo van de la mano en términos de la importancia de los números. Saber mucho sobre numerología facilita acceder al tarot. Y, a su vez, si sabes de tarot, el aprendizaje de la numerología se hace más fácil.

El tarot es una forma de adivinación con 78 cartas específicas divididas en dos grupos: 22 cartas (un número maestro) en los arcanos mayores y 56 cartas (5 + 6 = 11, otro número maestro) en los arcanos menores. Todas las cartas están numeradas y los arcanos menores se dividen en cuatro secciones divididas del 1 al 10.

Si estás adentrándote en el mundo del tarot, saber de numerología solo hará la experiencia más enriquecedora, ya que te da una idea del significado de las cartas e incluso puede ser que el universo te esté enviando un mensaje.

He aquí una pequeña guía acerca de las cartas del tarot y sus números correspondientes.

Cartas con una vibración 1

★ **El mago (1).** Representa la fuerza de voluntad, la iluminación, la creación, la habilidad, el deseo.

★ **La rueda de la fortuna (10).** Representa el destino, la fortuna, el éxito, la suerte.

★ **El sol (19).** Representa el éxito, la positividad, la vitalidad, la diversión.

★ **As (as de bastos, copas, espadas, pentáculos).** Potencialidad en bruto.

Cartas con una vibración 2

★ **La sacerdotisa (2).** Representa la intuición, la espiritualidad, el poder superior, la voz interior.

★ **La justicia (11).** Representa la igualdad, la verdad, la equidad, la ley.

★ **El juicio (20).** Representa el despertar, la renovación, la decisión, la transformación.

★ **2 (2 de bastos, copas, espadas, pentáculos).** La dualidad.

Cartas con una vibración 3

★ **La emperatriz (3).** Representa la expresión, la creatividad, la belleza, la crianza.

★ **El colgado (12).** Representa la espera, el sacrificio, la perspectiva, la falta de dirección.

- **El mundo (21)**. Representa la culminación, los logros, los viajes, los nuevos comienzos.

- **3 (3 de bastos, copas, espadas, pentáculos)**. La unidad.

Cartas con una vibración 4

- **El emperador (4)**. Representa la estabilidad, la razón, la convicción, la protección.

- **La muerte (13)**. Representa los finales, el cambio, la transformación, el dejar ir.

- **4 (4 de bastos, copas, espadas, pentáculos)**. La estabilidad.

Cartas con una vibración 5

- **El hierofante (5)**. Representa la tradición, los grupos sociales, los conocimientos, las creencias.

- **La templanza (14)**. Representa la economía, la moderación, la gestión, la reconciliación.

- **5 (5 de bastos, copas, espadas, pentáculos)**. El cambio.

Cartas con una vibración 6

- **Los enamorados (6)**. Representan el compromiso, las asociaciones, la armonía, las elecciones.

- **El diablo (15)**. Representa la tentación, el apego, la restricción, la obsesión.

- ★ **6 (6 de bastos, copas, espadas, pentáculos)**. La armonía.

Cartas con una vibración 7

- ★ **El carro (7)**. Representa el éxito, el control, la autodisciplina, la ambición.

- ★ **La torre (16)**. Representa el cambio repentino, el caos, el despertar, la revelación.

- ★ **7 (7 de bastos, copas, espadas, pentáculos)**. El propósito superior.

Cartas con una vibración 8

- ★ **La fuerza (8)**. Representa el poder, la acción, el valor, el éxito.

- ★ **La estrella (17)**. Representa la esperanza, el poder renovado, la fuerza, la curación.

- ★ **8 (8 de bastos, copas, espadas, pentáculos)**. Los límites.

Cartas con una vibración 9

- ★ **El ermitaño (9)**. Representa la autorreflexión, la contemplación, la soledad, el aprendizaje.

- ★ **La luna (18)**. Representa la ilusión, la intuición, la complejidad, los secretos.

- ★ **9 (9 de bastos, copas, espadas, pentáculos)**. La finalización.

Adivinación con dados

Aunque vemos números por todas partes, si tienes una pregunta determinada o quieres un poco de orientación del universo mediante la numerología, todo lo que tienes que hacer es tirar los dados. Practicar la adivinación con dados puede darte una respuesta numérica rápida a cualquier pregunta que tengas.

Para practicar la adivinación con dados, solo necesitas dos dados de seis caras. Sujétalos en la mano mientras meditas sobre tu pregunta. La pregunta no debe responderse con un sí o un no. En su lugar, deberían ser cuestiones como estas: «¿Cuál es la energía del día?» o «¿Qué necesito ahora mismo?».

Luego, cuando estés listo, agita los dados en las manos y lánzalos. ¿Qué número sale? Recuerda reducirlo a una sola cifra. Por ejemplo, si sacas un 2 y un 3, tu respuesta es 5.

Puedes tirar varias veces para obtener un número del ángel o simplemente reflexionar sobre la vibración de tu número como respuesta. Usa tu intuición para guiarte.

CONCLUSIÓN

Aunque hemos llegado al final de este libro, este es solo el principio de tu viaje a través de la numerología. Ahora que ya tienes las nociones básicas, puedes avanzar y aprender más sobre ti mismo y el mundo que te rodea. Tienes mucho que ganar, dado que ahora sabes cómo tu perfil numerológico se muestra en tu personalidad y en tu viaje vital. Ya sabes por qué tienes un determinado «número de la suerte» o por qué estás teniendo un año muy ajetreado. Incluso puedes aplicar la numerología con tus seres queridos para entenderlos mejor y que vuestra relación sea más fructífera.

Puedes hacerlo incluso para tomar decisiones más conscientes en la vida. Tal vez te plantees cambiar de nombre o utilizar un nuevo apodo que te ayude con tus ambiciones, o tomar decisiones diferentes sobre la casa en la que vives, solo basándote en el número de la calle. Recuerda, de todas formas, que es importante no centrarse en exceso en el significado de los números como para olvidar la importancia de tomar decisiones conscientes. Por encima de todo, tienes el destino en tus manos.

Así que adelante, sigue creciendo y aprendiendo. Esto es solo el principio.

RECURSOS

Si estás interesado en aprender más sobre numerología, aquí tienes algunos recursos que puedes consultar para seguir practicando:

Libros

Elffers, J. y Goldschnider, G. *El lenguaje secreto de las relaciones* (2000, Destino).

McCants, G. *El poder de los números. Descubre lo que la vida te tiene reservado* (2013, Sirio).

Phillips, D. A. *El libro completo de numerología* (2022, Sirio).

Woodward, J. *Guía de numerología para principiantes. Descifra tus relaciones, mejora tus oportunidades, descubre tu destino* (2022, VR).

Sitios web (en inglés)

www.numerologist.com
www.feliciabender.com
www.creativenumerology.com

OTROS TÍTULOS DE INTERÉS

Indefensión Aprendida

Marta Díez Ruiz
De Los Paños

ISBN: 9788497357630
Págs: 160

El arte de las personas

Dave Kerpen

ISBN: 9788418114663
Págs: 256

Este libro pretende dar a conocer la Indefensión Aprendida a profesionales de la educación, de la salud, a padres y a todas las personas en general. Ofrece la oportunidad de ayudar a muchos niños, jóvenes y adultos a superar el sentimiento de no lograr lo que se espera de ellos. Una oportunidad para dejar de estigmatizar a los demás.

Dave Kerpen ofrece 53 hábitos, fáciles de ejecutar y, a menudo, contrarios a la intuición, para aprender a dominar las 11 habilidades personales que te ayudarán más de lo que te puedas imaginar en el trabajo, en el hogar y en la vida.

www.amateditorial.com

OTROS TÍTULOS DE INTERÉS

Albert Camus y la crisis de la humanidad

Robert E. Meagher

ISBN: 9788497355193
Págs: 248

El cerebro de la mujer

Iris Sommer

ISBN: 9788419341082
Págs: 200

Albert Camus y la crisis de la humanidad es una introducción completa a la vida y obra de Camus, un libro para cualquiera que quiera comprender la trayectoria del trabajo del gran pensador y filósofo. Un análisis del hombre y sus escritos que permite comprender su filosofía, su determinación y la visión del mundo que lo rodea.

Las mujeres no tienen el mismo cerebro que los hombres. De entrada, son considerablemente más pequeños y su córtex cerebral tiene alrededor de un 17 % menos de células nerviosas. Sin embargo, sus mentes no son inferiores a las de los hombres… Entonces, ¿cómo consiguen compensar esta diferencia? Iris Sommer utiliza su experiencia como neurocientífica y psiquiatra para responder a esta pregunta y muchas más.

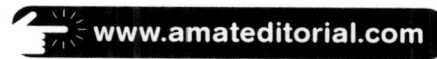

www.amateditorial.com